碧巌の雲

木村太邦

春秋社

碧巌の雲

目次

碧巌の雲

四句を離れ百非を絶す——第七三則「馬大師四句百非」

本書は、碧巌録第七三則から始めます。この則は、私たちの問題すべてを含んでいると言ってもいいような重要な則ですので、数回に分けて話したいと思います。

テキストの上では最初に垂示が出てきますが、難しすぎてわかりにくいと思います。

もとは、雪竇重顕という禅師さまが古来の禅問答の中から百則を選んだわけです。そして、それに対してご自分で謳い上げた、それが宗旨を込めた頌です。『頌古百則』といいます。

さらに、その八十年後に出られた圜悟克勤禅師がそれを提唱し、冒頭の垂示と、著語（下語）と、評唱という三つをつけ加えられた。それが『碧巌録』です。

いま定着しつつある碧巌録の読み方の一つの方法として、最初に圜悟禅師が作った評唱から読むのがよいと言われています。私もそうだと思います。評唱は二つの部分に分かれています。一つは本則に付いています。もう一つは頌に付いています。この両方を先に読むというかたちで、今日は読み進めていきたいと思います。まずは、第七三則の全文を示します。わかりやすさを考慮して著語は外しておきます。

【垂示】垂示に云く、「夫れ法を説くとは、説くこと無く示すこと無し。其れ法を聴くとは、聞くこと無く得ること無し」と。説くも既に説くこと無く示すこと無くんば、争《いかで》か説かざるに如《し》かん。聴くも既に聞くこと無く得ること無くんば、争《いかで》か聴かざるに如かん。而るに説くこと無く又た聴くこと無きも、却って些子《すこし》く較《たが》えり。只だ如今《いま》諸人、山僧《それがし》が這裏《ここ》に在《お》いて説くを聴くに、作麼生《いかに》か此の過《とが》を免れ得ん。透関の眼を具する者、試みに挙《こ》し看よ。

【本則】挙す。僧、馬大師に問う、「四句を離れ百非を絶して、請う師、某甲《それがし》に西来意《せいらいい》を直指せよ」。馬師云く、「我《われ》今日、労倦《つかれ》たり。汝が為《ため》に説くこと能わず。智蔵《ちぞう》に問《と》取いに去《ゆ》け」。僧、智蔵に問う。蔵云く、「何ぞ和尚に問わざる」。僧云く、「和尚、来たり問わしむ」。蔵云く、「我今日、頭痛す。汝が為に説くこと能わず。海兄《かいひん》に問《と》取いに去《ゆ》け」。僧、海兄に問う。海云く、「我這裏《ここ》に到って却って会《え》せず」。僧、馬大師に挙似《しめ》す。馬師云く、「蔵頭は白く、海頭は黒し」。

【評唱】這箇《こ》の公案、山僧《それがし》、旧日、成都《せいと》に在って真覚《しんがく》に参ずるに、覚云く、「只だ馬祖の第一句を看るを消《もち》うれば、自然に一時に理会し得ん」と。且道《さて》、這《こ》の僧、是れ会《え》して来たり問うか、会せずして来たり問うか。此の問、不妨《なかなか》に深遠なり。「四句を離る」とは、有と、無と、非有非無と、非非有非非無と、此の四句を離れ、其の百非を絶す。只管道理《ひたすらりくつ》を作《な》さば、話頭を識らず、頭脳を討《もと》むるも見えじ。若是《もし》山僧《それがし》ならば、馬祖の道《い》い了るを待って、也《ま》た便ち与《ため》に坐具を展《の》べて礼三拝《らいさんぱい》して、他《かれ》の作麼生《いか》に道《い》うかを看ん。当時《そのとき》馬祖、若し這《こ》の僧の来たり、「四句を離れ、百非を絶して、請う師、某甲《それがし》に西来意を直指せよ」と問うを見れば、拄杖を以て劈脊《へきせき》に便ち棒して趕《お》い出だして、他《かれ》の省《きづ》くか省《きづ》かざるかを看ん。馬大師、只管《ひたすら》他《かれ》の与《ため》に葛藤《ごんく》を打《ろう》し、以て這《こ》の漢の当面《まのあたり》に蹉過《すれちが》いて、更に去《ゆ》きて智蔵に問わしむるに至る。殊に知らず、馬大師は来風深く辨ずるに、這《こ》の僧は懞懂《ぼんやり》として走去《ゆ》きて智蔵に問う。蔵云く、「何ぞ和尚に問わざる」。僧云く、「和尚、来たり問わしむ」と。看よ他《か》の這《こ》の些子《かんどころ》、拶著《つめよ》らば便ち転じ、更に閑暇《すき》処の無きことを。智蔵云く、「我今日、頭痛す。汝が為に説得すること能わず。海兄《かいひん》に問取《と》いに去《ゆ》け」と。這《こ》の僧又た去きて海兄に問う。海兄云く、「我這裏《ここ》に到って却って会《え》せず」と。且道《さて》、為什麼《なにゆえ》にか一人は頭痛と道《い》い、一人は会せずと云《い》う。畢竟作麼生《いかん》。

這《こ》の僧却回《かえ》り来たりて、馬大師に挙似《しめ》す。師云く、「蔵頭は白く、海頭は黒し」と。若し解路《げろ》を以て卜度《おしはか》らば、却って之を相瞞《たぶらか》すと謂《い》わん。有る者は道《い》う、「只だ是れ相推過《あいおしつ》く」と。有る者は道《い》う、「三箇《さんにん》総《すべ》て他《か》の問頭《とい》を識るが所以《ゆえ》に答えず」と。総《すべ》て是れ拍盲地《やみくも》に一時に古人の醍醐上味を将《もっ》て毒薬を著《つ》けて裏許《なか》に在《お》く。所以《ゆえ》に馬祖道《いわ》く、「汝が一口に西江の水を吸い尽くすを待って、即ち汝に道《い》わん」と。此の公案と一般《おなじ》なり。若し「蔵頭は白く、海頭は黒し」を会得せば、便ち西江の水の話を会せん。這《こ》の僧一担《ひとかつぎ》の懞懂を箇《こ》の不安楽に換《か》え得て、更に他《か》の三人の尊宿を労して、泥に入り水に入らしむ。畢竟這《こ》の僧瞥地《べつじ》ならず。一に恁麼《さよう》なりと雖然《いえど》も、這《こ》の三箇《さんにん》の宗師《しゅうし》、却って箇の担板漢《たんぱんかん》に勘破せらる。如今《いま》の人、只管《いちず》に語言の上に去《お》いて活計《くらし》を作《な》し、「白は是れ明頭合《みょうとうごう》、黒は是れ暗頭合《あんとうごう》」と云いて、只管《ひたすら》に鑽研計《さんけんけ》較《きょう》す。殊に知らず、古人一句に意根を截断することを。須是《すべか》らく正脈《ほんすじ》裏に向《お》いて自ら看て始めて穏当《たしか》なるを得ん。所以《ゆえ》に道《い》う、「末後の一句、初めて牢関に到る。要津を把断して、凡も聖も通さず」と。もし此の事を論ぜば、当門《かどぐち》にて一口《ひとふり》の剣を按《かま》うるが如くに相似て、擬議《ためら》わば則ち喪身失命せん。又た道《いわ》く、「譬えば剣を擲《なげう》って空に揮《ふる》うが如し。及と不及とを論ずること莫れ」と。但だ八面玲瓏の処に向《お》いて会得《えとく》せよ。見《しら》ずや古人道《いわ》く、「這《こ》の漆桶《しっつう》」。或は云く、「野狐精《やこぜい》」。或は云く、「瞎漢《かつかん》」と。且道《さて》、一棒一喝と是れ同じか是れ別か。若し千差万別なるも、只だ是れ一般《ひとつ》なりと知らば、自然に八面に敵を受けん。「蔵頭は白く、海頭は黒し」を会せんと要すや。五祖《ごそ》先師道く、「封后《ほうこう》先生」と。雪竇の頌に云く、

【頌】蔵頭は白く、海頭は黒し、明眼《みょうげん》の衲僧《のうそう》も会すること得ず。馬駒踏殺《けちら》す天下の人、臨《りん》済《ざい》未だ是れ白拈賊《びゃくねんぞく》にあらず。四句を離れ百非を絶す、天上人間《じんかん》唯だ我のみぞ知る。

【評唱】「蔵頭は白く、海頭は黒し」と、且道《さて》、意作麼生《いかん》。這《こ》の些子《かんどころ》、天下の衲僧跳《ぬ》け出せず。看よ他《か》の雪竇後《のち》面に合殺《しめくく》り得て好《よ》きことを。道《いわ》く、「直饒《たとい》是れ明眼の衲僧も也た会すること得ず」と。這箇些子《このびみょう》の消息、之を神仙の秘訣と謂い、父子も伝えず。釈迦老子、一代時教を説き、末後に心印を単伝す。喚んで金剛王宝剣と作《な》し、喚んで正位《しょうい》と作す。恁麼《さよう》の葛藤《かっとう》、早《す》是《で》に事已《や》むことを獲《え》ず。古人略些《ほぼいささか》子の鋒鋩《ほうぼう》を露《あらわ》すなり。若《も》是《し》透得底人《つきぬけたるひと》ならば、便乃《すなわ》ち七穿八穴して、大自在を得ん。若し透不得《つきぬけず》して、従前《いぜん》として悟入の処無くんば、転《うた》た説くほどに転《うた》た遠からん。

「馬駒踏殺《けちら》す天下の人」とは、西天《さいてん》の般若多羅《はんにゃたら》、達磨に讖《よげん》して云く、「震旦闊《しんたんひろ》しと雖も別路無し、児孫の脚下を仮《か》りて行かんことを要す。金雞解《よ》く一粒の粟を銜《くわ》え、十方の羅漢僧に供養せん」と。又た六祖、譲《じょう》和尚に謂って曰く、「向後《こののち》仏法、汝が辺より去《ゆ》かん。已後《いご》一馬駒

を出だして、天下の人を踏殺《けちら》さん」と。厥《そ》の後、江西《こうぜい》の法嗣、天下に布《あまね》く、時に馬祖と号す。達磨六祖、皆な先に馬祖を讖す。看よ他《かれ》の作略《さりゃく》、果然《はた》して別《かくべつ》なることを。只だ「蔵頭は白く、海頭は黒し」と道いて、便ち天下の人を踏殺《けちら》す処を見る。只だ這の一句「黒白」の語、千人万人咬み破《くだ》けず。

「臨済《りんざい》未だ是れ百拈賊《びゃくねんぞく》にあらず」とは、臨済、一日《あるひ》、衆に示して云く、「赤肉団上《しゃくにくだんじょう》に一無《む》位《い》の真人《しんにん》有って、常に汝等《なんじら》諸人の面門《めんもん》より出入す、未だ証拠せざる者は看よ看よ」。時に僧有り、出でて問う、「如何なるか是れ無位の真人」。臨済、禅牀《ぜんじょう》を下り、搊住《ひっつか》んで云く、「道《い》え道え」。僧、語無し。済托開《つきはな》して云く、「無位の真人、是れ什麼《なん》たる乾屎橛《かんしけつ》ぞ」と。雪峰《せっぽう》、後に聞いて云く、「臨済大いに白拈賊《びゃくねんぞく》に似たり」と。雪竇他《か》の臨済と相見せんと要《ほっ》し、馬祖の機鋒を観るに、尤《もっと》も臨済に過《まさ》れり。此れ正《まさ》に是れ白拈賊、臨済は未だ是れ白拈賊にあらざるなり。雪竇一時《いっとき》に穿却《うが》ち了れり。却《そのあと》に這《こ》の僧を頌して道《いわ》く、「四句を離れ百非を絶す、天上人間《じんかん》唯だ我のみぞ知る」と。且《さて》も鬼窟裏に向《お》いて活計《くらし》を作《な》すこと莫れ。古人云く、「問は答《こたえ》処に在り、答は問《とい》処に在り」と。早《すで》に奇特なり。你、作麼生《いかに》か四句を離れ得、百非を絶し得ん。雪竇道く、「此の事は唯だ我のみぞ能く知る」と。直饒《たとい》三世の諸仏も、也た覰《うかが》い見ず。既《すで》に独自《ひとり》箇のみぞ知る、諸人更に上来《すすみき》たりて、箇《こ》の什麼《なに》をか求めん。大潙真如《だいいしんにょ》拈《とりあ》げて云く、「這《こ》の僧恁麼《さよう》に問い、馬祖恁麼《さよう》に答う。四句を離れ百非を絶して、智蔵・海兄都《すべ》て知らず。会《え》せんと要《ほっ》すや。見道《いわ》ずや、『馬駒踏殺《けちら》す天下の人』と」と。

「四句を離れ百非を絶して」

それではまず、この公案（本則）、古則公案に対する圜悟禅師の評唱を、――つまりコメントですが、そこから読んでいきましょう。

「這箇《こ》の公案、山僧《それがし》」。山僧は圜悟禅師のこと。「旧日、成都《せいと》に在って」。成都という場所で修行に励んでいた。「真覚《しんがく》に参ずるに」。真覚という人については、はっきりしないようです。「覚云く、只だ馬祖の第一句を看るを消《もち》うれば、自然に一時に理会し得んと」。ここで、馬祖の第一句というのは何を指すかが問題ですね。馬祖の第一句を見ることができたら、自然に、一時にこの公案は見えてくる。

この公案の中の何を第一句と見たらいいのでしょうか。それはおそらく、本則の最後の言葉、「馬師云く、蔵頭は白く、海頭は黒し」、これでしょう。「蔵頭は白く、海頭は黒し」。これを見ることができれば、自然とこの公案も解けると言っているのだと思います。

「且道《さて》、這《こ》の僧、是れ会《え》して来たり問うか、会せずして来たり問うか」。この僧は馬祖に質問した。理解してやってきて、馬祖に問うたのか、それともできないままにやってきて問うたのか。「此の問、不妨《なかなか》に深遠なり」。この問いはなかなか深く、広がりを持った問いである。「四句を離るとは」。四句とは何か。これは圜悟禅師の意見です。一つは「有」、二つ目は「無」、その次が「非有非無」、最後は「非非有非非無」。「此の四句を離れ、其の百非を絶す」。これだけではわかりませんね。いろんな方がさまざまな解釈をしていますが、ここで言おうとしているのは、何か。

「只管《ひたすら》道理《りくつ》を作《な》さば、話頭を識らず」。理屈を云々していると、それは話頭とは全然関係ないことをやっているのだ。「頭脳を討《もと》むるも見えじ」。どのように頭で掴もうとしても、この話頭は見えないぞ。

山田無文老師の『碧巌録全提唱』という本がありますが、そこでも次のように言っておられます。「どういう言葉でも表現できんという『四句を離れ百非を絶す』という言葉に向かって、ひたすら文字理論にこだわるのは、この公案がわからんというものだ」。

圜悟禅師の言葉に返って、「若是《もし》山僧《それがし》ならば」。もし私がその修行者だったら。「馬祖の道《い》い了るを待って」、馬祖が言い終わるのを待って、「也《ま》た便ち与《ため》に坐具を展《の》べて礼三拝《らいさんぱい》して」。馬祖に向かって座具を敷いて丁寧な礼三拝をして、「他《かれ》の作麼生《いか》に道《い》うかを看ん」。彼、馬祖がどのように言うかを見たい、と言っています。

「当時《そのとき》馬祖、若し這《こ》の僧の来たり、四句を離れ、百非を絶して、請う師、某甲《それがし》に西来意を直指せよと問うを見れば、拄杖を以て劈脊《へきせき》に便ち棒して趕《お》い出だして、他《かれ》の省《きづ》くか省《きづ》かざるかを看ん」。自分が馬大師の立場だったら、もしその僧がやってきて、問うのを見たら、拄杖をもって背中に一棒を与えて、追い出す。そういうことをやってのけて、この修行者が氣づくか、氣づかないか、つまり彼がこの問題で苦しんできて自分に問うたのかどうか、それをはっきりと見届ける。こういう言い方でしょうか。

「馬大師、只管《ひたすらかれ》他の与《ため》に葛藤《ごんくろう》を打し、以て這《こ》の漢の当面《まのあたり》に蹉過《すれちが》いて、更に去《ゆ》きて智蔵に問わしむるに至る」。ところがうまくいかなかった。さっと氣づかなかった。もちろん馬大師は棒で打ってはおらず、言葉で伝えています。馬祖に会った甲斐がなかった。馬祖の言葉で迷いが開けなかった。すれ違い、言われるままに智蔵に問うという行動に走らせた、というわけです。

つまり、圜悟禅師が見るところでは、何も智蔵のところへ行く必要はないということですね。馬大師はこの修行者にしっかり答えているにもかかわらず、修行者はわからずに智蔵のところへ行って問うた、というのです。「殊に知らず」。こういうことがわからなかったのだ。

「馬大師は来風深く辨ずるに」。この僧がどれくらいできた人物か、見て取っていたはずだ。「這《こ》の僧は懞懂《ぼんやり》として走去《ゆ》きて智蔵に問う」。ところがこの僧の方はぼんやりとして行った、と言っています。それほどの修行者ではなかった。言われるままに智蔵のところへいって問うた。「蔵云く、何ぞ和尚に問わざる」。どうして馬大師に問わないのかと智蔵はいいます。「僧云く、和尚、来たり問わしむと」。和尚に問うたら、和尚があなたのところへ行きなさいと言われたので、来て問うています、と僧は答えます。

「看よ他の這《こ》の些子《かんどころ》、搊著《つめよ》らば便ち転じ、さらに閑暇処《すき》の無きことを」。これは誰のことを言っているのでしょうか。智蔵のことでしょう。智蔵が何といったかが見所だと。「些子」というのは、ほんのわずかのところ。なんでもないようなところだけれども、ここが大事だということでしょう。和尚にどうして問わなかったか、と聞いたら、あなたのところへ行けと言われた。それが「搊著《つめよ》らば便ち転じ」。僧が詰め寄ってきた。そうしたら、それを一転させたというわけです。その転じ方に全く隙がなかったというのです。

「智蔵云く、我今日、頭痛す。汝が為に説くこと能わず。海兄《かいひん》に問取《と》いに去《ゆ》け」と。頭が痛くて、あなたに説いてやることができない。百丈懐海のところへ行け、といった。「這《こ》の僧又た去きて海兄に問う」。この僧は、そこで百丈懐海のところへ行きます。「海兄云く、我這《こ》裏《こ》に到って却って会《え》せずと」。そこのところはわしにもわからん、と答えた。

海兄と言っていますが、道場の仲間内では、優れた人を呼ぶ時は、年齢差にかかわらず「兄」とつけますね。一番古手は智蔵です。年齢としては百丈より十数歳上です。百丈懐海の方が年齢は下です。
「且道《さて》、為什麼《なにゆえ》にか一人は頭痛と道《い》い、一人は会せずと云《い》う。畢竟作麼生《いかん》」。とどのつまり、どういうことか。これが前半の問答に対する圜悟禅師の見方です。

「蔵頭は白く、海頭は黒し」

「這《こ》の僧却《かえ》回り来たりて、馬大師に挙似《しめ》す」。二人に会って、馬大師に報告します。すると「師云く、蔵頭は白く、海頭は黒しと」。ここが、第一句というところでしょう。「蔵頭は白く、海頭は黒し」は、どう見たらいいのでしょうか。「若し解路《げろ》を以て卜度《おしはか》らば、却って之を相瞞《たぶらか》すと謂《い》わん」。解路、分別による判断を下そうとすると、おかしなことになるぞ、と言っているのです。本当のところをはぐらかせてしまうぞ。
そこで、解路に出た人の例が次に出てくるのだと思います。「有る者は道《い》う、只だ是れ相推過《あいおしつ》くと」。ただ相手に振っただけだと。相手に答えを押し付けただけだ。こんな見方はだめだというのです。「有る者は道《い》う、三箇総《さんにんすべ》て他の問頭《かとい》を識るが所以《ゆえ》に答えず」と。三人とも全て、この問い、「四句を離れ百非を絶して、請う師、某甲《それがし》に西来意《せいらいい》を直指せよ」を知るがゆえに、答えないのだ。その問いの怖さを知っているがゆえに答えないのだ。

「総《すべ》て是れ拍盲地《やみくも》に一時に古人の醍醐上味を将《もっ》て毒薬を著《つ》けて裏許《なか》に在《お》く」。何でもかんでも、古人の素晴らしい答えや言葉の上に毒薬を塗って、中にしまいこんでしまう。「所以《ゆえ》に馬祖道《いわ》く、汝が一口に西江の水を吸い尽くすを待って、即ち汝に道《い》わんと」。そこで馬祖がある時こう言った。西江の水を吸い尽くすことができたら、その時に答えてやろうと。「此の公案と一般《おなじ》なり」。今の公案と同じである。「這《こ》の僧一担《ひとかつぎ》の懞懂を箇《こ》の不安楽に換《か》え得て、更に他《か》の三人の尊宿を労して、泥に入り水に入らしむ」。この僧はぼやっとしているところを不安楽に換えて、馬祖と智蔵と百丈懐海をとっぷり水に浸からせた。これは答えを言っているのだと思います。そのようなわけのわからない答えを吐かせた。

「畢竟這《こ》の僧瞥地《べつじ》ならず」。瞥地、チラッと見て悟るほど怜悧の漢ではない。三人が答えたけれども、修行者には伝わらなかったということでしょうか。

「一に恁麼《さよう》なりと雖然《いえど》も」、そういうことではあるが、「這《こ》の三箇《さんにん》の宗師《しゅうし》、却って箇の担板漢《たんぱんかん》に勘破せらる」。上の三人の宗師は、逆にこの質問者に、見破られてはいないか、と言っています。圜悟禅師は「勘破」と言っていますね。

「如今《いま》の人、只管《いちず》に語言の上に去《お》いて活計《くらし》を作《な》し」。ここも難しいですね。接続詞というのは大事です。逆に勘破されていないか、と言っておいて、ところが、「如今《いま》の人」はどうかというと、言葉について回って、文字の上だけで決まると思って、「白は是れ明頭合《みょうとうごう》、黒は是れ暗頭合《あんとうごう》と云いて、只管《ひたすら》に鑽研《さんけん》計較《けきょう》す」。言葉の問題に持って行ってしまうというのです。「明」は差別。「暗」は平等。やれ差別だ平等だという方へ、この問題を持っていってしまう。

そのあたりを無文老師の訳ではどのように言われているかと見ますと、「ところが、この頃のつまらん理屈を言う連中は、蔵頭の白は明らかなということで、差別の世界。海頭の黒は絶対平等の世界を言われておるのだ、などと解釈する。白は偏、黒は正、いわゆる洞山の五位に通じるのだなどと、つまらん理屈を言うものもおる。馬祖のこの言葉の中には、一句にして煩悩妄想をことごとく断ち切るものがあることを見てとらねばならんであろう」。

「殊に知らず、古人一句に意根を截断することを。須是《すべか》らく正脈裏《ほんすじ》に向《お》いて自ら看て始めて穏当《たしか》なるを得ん」。馬祖の言葉の中には、一句でもって相手の煩悩妄想をことごとく断ち切るものがある。それを見て取ることが大事で、理屈に走ってはいけない、というのですね。

そこが、四句を離れ百非を絶し、言句を超越したところだ。「所以《ゆえ》に道《い》う、末後の一句、初めて牢関に到る。要津を把断して、凡も聖も通さずと」。

「禅のぎりぎりの一句、四句を離れ百非を絶した一句、その末期の一句にいたって、初めて堅牢なる関所に至ることができるのである。この禅の究極のところ、そこに徹するならば、仏もなければ凡夫もない。悟りもなければ迷いもない。そういう境地がひとつわからなければいかん。禅の境地に達したならば、真っ向から正宗の名刀を振りかぶってみせられたようなもので、そこに一分の隙でもあったならば、たちまち命をとられてしまうであろう。また盤山宝積禅師は刀を空中で振り回すようなもので、当たるとか当たらないとかということを言うている暇はないといっておられる。但だ八面玲瓏の処に向《お》いて会得《えとく》せよ」と。

「もし此の事を論ぜば、当門《かどぐち》にて一口《ひとふり》の剣を按《かま》うるが如くに相似て、擬議《ためら》わば則ち喪身失命せん。又た道《いわ》く、譬えば剣を擲《なげう》って空に揮《ふる》うが如し。及と不及とを論ずること莫れと。但だ八面玲瓏の処に向《お》いて会得《えとく》せよ」。

そして「見《しら》ずや古人道《いわ》く、這《こ》の漆桶《しっつう》。或は云く、野狐精《やこぜい》。或は云く、瞎漢《かつかん》と。且道《さて》、一棒一喝と是れ同じか是れ別か」。叱る言葉ですね。漆桶、狐憑き、瞎漢と言っています。

「若し千差万別なるも、只だ是れ一般《ひとつ》なりと知らば」。いろいろあるけれども一つだとわかったら、――差別即平等ということですね、それがわかったならば「自然に八面に敵を受けん」と。

臨済録の序にありますし、私も何度も言っていますが、「妙応無方」という言葉があります。それを言っています。どこから打ってかかられても、見事に対応できる。八面だから無方。どこから来られても見事に応ずることができるというわけです。

「蔵頭は白く、海頭は黒しを会せんと要《ほっ》すや。五祖《ごそ》先師道く、封后《ほうこう》先生と」。先師の五祖禅師は、封后先生と言われた。

「蔵頭は白く、海頭は黒し」。智蔵は七三八年に生まれていますが、これに対して百丈懐海は七四九年です。十一歳違いですから、ありのままを述べたのかもしれませんね。智蔵の頭は真っ白で、百丈の頭はまだ黒々としている。それをやれ五位だとかなんだとか持ち出して云々しているのが私たちなのかもしれません。

そうすると、最後の言葉、先師の言われた言葉はなんでしょうか。「封后先生」。これは何を言ったのかわからないのですが、あえて調べるだけの値打ちがあるかどうかもわかりません。大事なのは別のところにある。この問答を通して、大事なものはどこにあるかを見極めていただけるよう、望んでいるのだと思います。もっと言えば、四句百非というのも、あまり重要ではない、というのが禅です。四句百非よりも大事にしている禅の問題がこの公案に含まれている。それがどこか知ってもらいたいというのが、この公案だと思います。

機関と理致と向上と——公案体系の意味するもの

もう一つの評唱も覗いてみましょう。頌に付された圜悟禅師のコメントです。

「蔵頭は白く、海頭は黒しと」、このように馬祖大師から言葉が出た。「且道《さて》、意作麼生《いかん》」。

その心はどこにあるか。「這《こ》の些子《かんどころ》、天下の衲僧跳《ぬ》け出せず。看よ他《か》の雪竇後面《のち》に合殺《しめくく》り得て好《よ》きことを」。どう締めくくっているか。

「道《いわ》く、直饒《たとい》是れ明眼の衲僧も也た会すること得ずと。這箇些子《このびみょう》の消息、之を神仙の秘訣と謂い、父子も伝えず。釈迦老子、一代時教を説き、末後に心印を単伝す。喚んで金剛王宝剣と作《な》し、喚んで正位《しょうい》と作す。恁麽《さよう》の葛藤《かっとう》、早《す》是に事已《や》むことを獲《え》ず。古人略些子《ほぼいささか》の鋒鋩《ほうぼう》を露《あらわ》すなり。若是透得底人《もしつきぬけたるひと》ならば、便乃《すなわ》ち七穿八穴して、大自在を得ん。若し透不得《つきぬけず》して、従前《いぜん》として悟入の処無くんば、転《うた》た説くほどに転《うた》た遠からん」。

そんなに難しいことは言っていません。「蔵頭は白く、海頭は黒し」。なんでもないようなところですが、ここに勘所があると言っておられるのですね。なんでもないところなので、私たちはそこへ目を向けないけれども、そこに大事がある。

「天下の衲僧跳《ぬ》け出せず」。ここにひっかかってしまう。明眼の衲僧もなかなかここは、と言っているのです。「釈迦老子、一代時教を説き、末後に心印を単伝す。喚んで金剛王宝剣と作《な》し、喚んで正位《しょうい》と作す」。摩訶迦葉一人だと言われますが、金剛王宝剣なんて使いませんでしたね。花を取り上げただけですね。そうしたら、その意を汲んで摩訶迦葉がにっこり笑ったと。すると、お釈迦様は「おまえに渡したぞ」と。

なんでもないことのようですが、そこに金剛王宝剣が振るわれたのだというわけです。何もしないというわけにはいかないので、何かはするのだ。花をひねっただけだけれど、それは金剛王宝剣がその場で振るわれたのと同じか、別か、ということなのでしょう。「若是《もし》透得底人《つきぬけたるひと》ならば」、それこそ今までの膠着した自己がバラバラになって、自由自在になることを得るということでしょう。

「馬駒踏殺《けちら》す天下の人とは、西天《さいてん》の般若多羅《はんにゃたら》、達磨に讖《よげん》して云く、震旦闊《しんたんひろ》しと雖も別路無し、児孫の脚下を仮《か》りて行かんことを要す」。中国広しといえども、他の道はない。達磨の児孫の時にそれが実現する。「金雞解《よ》く一粒の粟を銜《くわ》え」、金雞は馬祖の師匠である南嶽懐譲禅師。それが一粒の粟を銜えて、「十方の羅漢僧に供養せんと」。十方の羅漢僧とは馬祖のことだと後文でわかります。

「又た六祖、譲《じょう》和尚に謂って曰く」。六祖慧能大師が南嶽懐譲禅師に言う、「向後《こののち》仏法、汝が辺より去《ゆ》かん」。おまえの元から出るぞ、というのです。「已後《いご》一馬駒を出だして」。これからのち、一頭の馬を出して、「天下の人を踏殺《けちら》さんと。厥《そ》の後、江西《こうぜい》の法嗣、天下に布《あまね》く、時に馬祖と号す。達磨六祖、皆な先に馬祖を讖す。看よ他《かれ》の作略《さりゃく》、果然《はた》して別《かくべつ》なることを。只だ蔵頭は白く、海頭は黒しと道いて、便ち天下の人を踏殺《けちら》す処を見る。只だ這の一句黒白の語、千人万人咬み破《くだ》けず」。

いわゆる公案体系を知っておいていただくと、大変便利だと思います。次の三つ――機関、理致、向上――をぜひ覚えてください。私たちが最も親しい世界は「機関」。人であるからには機関、この世に生きていますから。「理致」は仏の世界だと思ってください。道理の極まる世界。そして、その奥に「向上」という世界を持っているのが、禅の素晴らしいところです。

皆、人として生まれ、一生懸命に人間とはどういうものか、我々に与えられた命はどういうものか、どう命を働かせればいいか、機関のところで必死に工夫します。中にはすごいことを発見する人もいると思います。機関のところで、私たちはいろんな問題を抱え、悩んで生きていますが、なかなか解決の道がつかない。ここに仏が来られたら、どのように解決していくか、というのが公案だと思います。公案というのは、般若の智慧を借りて解くのです。お釈迦様ならどう動くかというのが、この機関です。

機関で十分なのですが、その上にもう一つ、向上という世界を作ったということが、ここでは「些子」、わずかなところです。ここで苦しんだ人は、やはり苦しんだがゆえに、そのなんでもないところを見逃さないのだと思います。そしてその些子をつかむのだと思います。このわずかなところを、大事にするわけです。これが向上の世界。平常心是道と表されるところです。仏臭くもない、そこに大事があるのだというのが、禅が一番言いたいところです。何でもないところが道になっているというのですから、これまたすごいことですね。

何でもないまま、道になっている。これが何といっても大事なところです。そこに私たちは氣づかなくてはいけないのだということ。金ぴかの仏さんになれというのではないのです。何でもないところに、はっきりと仏を見てとれるか、と言っているのです。何でもないところを大事に生きていけるか。これに尽きると思います。

ですから、「蔵頭は白く、海頭は黒し」。十一歳も違うのですから、一人の髪が真っ白で、もう一人が真っ黒でも、当たり前です。それが大事なのではないか。そこに氣づいてほしいということになると思います。

この前の第七〇則、第七一則、第七二則は、百丈懐海が主人公の公案でしたが、そこでやはり、百丈懐海が大事にしているのは、法を伝えるということですね。何でもかんでも喋ってしまうと伝わらないというのが、百丈懐海の境涯です。馬祖に鍛えられて、そのようになったのだと思います。頑として自ら、秘密を語らない。第七〇則で、そう潙山に答えています。

この七三則「馬大師四句百非」でも、ちゃんと答えているが氣づかないだけだ、ということになる。決して、その問いをはぐらかしているのではない。馬祖は馬祖なりに答えている。同じかたちで智蔵も答えている。百丈もそれなりに答えている。人に押し付けているわけではない。向上を見る眼を持てば、実に馬祖が明快に答えているのがわかるぞ。智蔵も百丈もそうで、答えているのだ、となるわけです。

四句百非ということについては、いろんな人がいろいろに研究されていて、さまざまな説がありすぎるほどですが、それはそれでいい。禅は不立文字という立場ですから、言葉では捕まえられないところ、言い表すことができないところを、なんとか会得してもらおうとするわけです。それにはやはり、文字も必要なのです。文字で押さえて、その奥にあるやつを何とかして自覚にもたらしたい。それが禅だと思います。

その肝心要のところ、言葉で表しきれないところ、言葉の先にあるものは体験しかない。それが禅の思想です。その体験があると、その言葉が指し示す先がよくわかる。しかし、その先たるや、どこまであるかわかりませんから、それはそれぞれの体験によって見ていくほかないのです。

これだけのことを一応、評唱で圜悟禅師は言っています。これを基にして、次回は改めて時代にそって追っていきたいと思います。最初に本則、それに対して雪竇禅師がどのような頌を作ったか、それに対してどう垂示を述べているか。それを見ていきます。

＊＊＊

第二回目です。前回は評唱を読んで終わりましたが、碧巌録の一番よい読み方として、圜悟禅師の本則と頌に対する評唱をまず読む。いま小川隆先生などが主唱するところですが、本則と頌に付いている評唱を読んで、前提となる知識を獲得するのがよい。その上で、時代を追って読んでいくのがわかりやすく、よいのではないかというのです。それにしたがって、前回は二つの評唱から読んだわけです。

今回はまず、先回に触れた「西江水」についてお話したいと思います。それから、本則に返って第七三則を見ていきたいと思います。

「西江水」とは

いまお配りしたものをご覧ください。これは柳生一門の、剣道の世界の方々が、「西江水」ということを研究されたものです。いかに真剣にぶつかっているかということがわかる氣がしますので、これを見てみたいと思います。

「西江水」については、柳生石舟斎、柳生但馬守のお父さんである石舟斎は、これを秘伝扱いにして、口伝書をつけなかった。もちろん口伝では伝えたのでしょうが、文字にしなかったということでしょう。ともかく秘伝、秘密裏に伝えたということでしょう。

これに対して、石舟斎の孫の如雲斎という方は、「西江水」を常に口伝したが、書伝では、一代の工夫書といわれている『始終不捨書』――いつも身につけている書という意味でしょうか、その中に、「心ノ持所　三関」、三つの大事な関所があるとして、「ハ　セ　セ」と秘伝した、というのです。お孫さんの方は文字化したのです。

加えて、その子、柳生連也は、「『最初のハは腹のことだ、セというのは背中のことだ、最後のセは西江水のことだ』と口伝書に伝え、すなわち、坐禅と同じく、腹の臍の周りと、背中――とくに腹の臍の裏側と、通身の西江水に、心の持ちどころ、活機に充ち、位を取ることを、師父如雲斎の口伝として示し、別に連也一代の工夫の秘伝書には、『ハ、セの拍子、後は腹の面《おもて》』を秘伝している」というわけです。「ハ、セの拍子、後は腹の面。拍子とは心の調子からおこり、外に現れた節機」と書かれています。後とは、後のセ。「ハセセ」のせは、ということでしょうか。連也については後でまた触れます。

これは尾張柳生流のトップになった柳生厳長《としなが》、明治以降の方だと思いますが、その方が

『剣禅一味』という書を残していて、その中にある文章です。

「宗矩口伝書には、『あらゆる習いを西江水一つに去る』（去るとは積極的に除去すること）を専一とし、『西江水ソノママノスガタ』、何事も去ったるところ、これ西江水なり。これより氣前《きさき》、表裏《おもてうら》と出ずるなり」。このように但馬守宗矩は付けている、と厳長師は公開しています。

「西江水一つに去る」というところを我々が読みやすいように直すと、「西江水一つにし、去る」ということでしょう。積極的に除いてしまい、西江水だけにしてしまうということだろうと思います。「西江水そのままの姿」のみ、腹に置いておくということですね。外のすべてのものが出て行きます。

氣前《きさき》は氣の働き。表裏《おもてうら》はわざの変化を示している。すべてのものを去らしめて、西江水だけにしてしまう。氣海丹田。そうすると何が起こるか。氣前、氣の働きが剣道の技として出ていく。このように読み取れます。

これは、すごいことだと思うわけですが、しかし、このことをすでに唐時代、この第七三則の主人公、馬祖大師は使っているのです。

以前もご紹介したでしょうか。龐居士という方がたずねています。「万法と侶たらざるもの、これなんびとぞ」と問うわけです。そうすると馬祖大師は「汝が西江の水を一口に吸尽し来る時、汝に向かって道わん」という答えを出しています。まさに「西江水一つにし去る」ということでしょう。そうすると、どんな因縁か、その言葉を聞いたときに、龐居士は大悟したと言われています。

その前に龐居士は石頭希遷禅師にも尋ねています。「万法と侶たらざるもの、これなんびとぞ」。万法と似た言葉に、諸行という言葉があります。あらゆるもの、形あるものは滅びるというのが仏法。仏法の道を歩む者にとっては、諸行無常というのは大問題です。「万法と侶たらざる」ですから、諸行無常はしかたないのでしょうか。なんとか永遠に生きるということはありえないのでしょうか、というようにも響いてきます。

そういう意味で尋ねたのか。それとも、「赤信号みんなで渡れば怖くない」という言葉もありますが、龐居士という人は非常に生真面目な人で、そんな生き方はしたくなかったのか。長いものには巻かれろ、といわれても、それをよしとせず、ともかく「万法と侶たらざるもの、これなんびとぞ」、と石頭禅師に質問されたのです。

その問いが終わらないにもかかわらず、石頭禅師は龐居士の口を手で塞いでしまった。そのときに何か、ハッとくるものがあったと言われています。しかし、そのときは大悟とは書かれていません。

その後に、雑貨商と言われた馬祖大師のところで同じ問いを発したとき、馬祖大師の答えは、「汝が一口で、あの揚子江の水をすべて呑み干せたとき、言ってやろう」。時節因縁とはすごいことで、その言葉を聞いて大悟したと書かれているのです。

これはどういうことでしょうか。馬祖大師はどんなことを用意していたのでしょうか、龐居士が揚子江の水を呑み干したときに。馬祖大師は雑貨商といわれました。それに対して石頭禅師は真金舗。まさに、本当の金を扱うお店といわれた石頭禅師ですから、真っ当に答えたのだと思います。それに対して馬祖大師はどうでしょうか。真っ当に答えていますか。まさに、今日の本則も同じだと思います。

本則での答え方は「今日は疲れて言う元氣もない。智蔵のところへ行って聞いてこい」。これは真っ当に答えているのかどうか。どのような氣持ちで馬大師はそのようなことを言ったのでしょうか。おまえが西江水を一口で飲み干した時に教えてやる、ということは、真っ当な答えか、そうではないのか。

まず石頭禅師の方から行きましょうか。龐居士が言い終わらないうちに、口を塞いだ。これはどのように見たらいいでしょうか。禅問答ですから、見方はいろいろあると思いますが、一つ挙げるとしたらどうでしょう。これが大事なところです。

臨済録などを読むと、「外へ向かって求めるな」と、臨済禅師は口を酸っぱくして言っています。同じことです。「わしに聞いてどうする」というのが、石頭禅師の腹だったでしょう。「人に聞く問いではない」ということではないでしょうか。自分の中に置いておいて、自分で答えを見つけなさい、ということです。ですから非常に真っ当です。

禅では己事究明ということをやかましく言います。自分のことを究め明らめる、ということを非常に大切にします。石頭禅師の答えには「わしの答えなど何にもならん。それはわしの答えで、おまえの役に立つかどうかわからん、苦労を重ねて、自分で見つけなさい」という氣持ちが働いてのことだと思います。

それに対して、馬祖大師の答えはどうでしょう。逃げてしまったのか。それとも親切な答えなのか。これこそが禅問答だと思います。答えているといえば、しっかりと答えているのです、そういうかたちで。この本則もそうだと思います。

「挙す。僧、馬大師に問う、四句を離れ百非を絶して、請う師、某甲《それがし》に西来意《せいらいい》を直指せよ」。それにたいして、「馬師云く、我《われ》今日、労倦《つかれ》たり。汝が為《ため》に説くこと能わず。智蔵《ちぞう》に問取《と》いに去《ゆ》け」。

僧は言われたまま智蔵和尚のもとへ行き、馬祖大師から言われてまいりました、というのですが、馬大師の答えはどんな答えなのでしょう。揚子江の水を、問者が一口で呑み干せたら、それでいいわけですね。それが答えなのではないでしょうか。だから馬祖大師が答える必要はないのですね。答えは出たわけですから。それが禅問答だと言ってはいかんでしょうか。

そうしますと、一番立場がないのは、僧が問題にした「四句を離れ百非を絶して」ということですね。これが見事にすかされていますね。全然問題にされていないかのようです。そこが大事なとこだと思います。「四句を離れ百非を絶して」と問うているから、馬祖はそのように答えた。そしてそれが、真っ当に答えたということにもつながっていくのです。どうでしょうか。

「西来意を直指せよ」

「請う師、某甲《それがし》に西来意《せいらいい》を直指せよ」と言っています。言葉など使わないで、直接、指差してください、えぐり出してください、と言っているのだと思いますが、西来意を直指した、いい問答がありますね。有名な問答です。誰が見てもそう言える、有名な禅問答があるのですが、おわかりでしょうか。

趙州の柏樹子はどうでしょうか。僧が問いますね。「如何なるか是れ祖師西来意」と。それに対して趙州和尚は「庭前の柏樹子」と答えます。庭先に咲いているあの柏の木だ。そう言われたら、僧は柏の木の方を見ざるをえませんね。この時の趙州和尚の心はどうでしょうか。庭先の柏の木だ、と言われて、質問者はその木を見ますね。まさに、直指しているのですね、柏樹子を。この庭先の柏の木があなたにはどう見えるか、ということだと思います。わしはそこに西来意を読み取る、わしが見るようにあなたも見てとれるか。ここでは、尋ねられたのは趙州和尚ですが、質問を僧に返しているのですね。わしは西来意を直指したぞ。あとはおまえさんが、わしが見ているように、そこにしっかりと西来意を見てとれるかどうかだ。それはおまえさん次第だ。こういうことではないでしょうか。

本則では「四句を離れ百非を絶して」。言葉の問題でもありましょうが、言葉を使わなくても構わない、というふうにもとれますね。「絶して」ですから。直接指差して、直に見せてください。このように僧が質問したのだと思います。それに対して馬祖大師は、わしは疲れてヘトヘトになっている。智蔵に問え、と答えたわけです。

ここのどこに、答えがあるのでしょうか。積極的に答えを取り出すとしたら、どこでしょうか。「我《われ》今日、労倦《つかれ》たり」だと思います。ポイントはそこだと思います。今日は疲れた。何をして疲れたのかはわかりませんが、馬大師が一日過ごして、疲れた。禅的な見方をすれば、作務をして疲れた。だから今日はもうヘトヘトで答える元氣もない。第一座の智蔵のところへ行って聞いてくれ。これが見事に答えているところではないでしょうか。

そこに圜悟禅師が下語を置いています。「退進三歩。蹉過《すれちが》うも也《ま》た知《きづ》かず。身を蔵《かく》して影を露《あらわ》す。不妨《さすが》に是れ這《こ》の老漢、別人に推過《おしつ》け与けたり」。趙州の例で言えば、自分が答えるべきところを質問者に押し付けたのと似ていますね。通うところがあるのですね。

本則の先を見ましょう。「蔵云く、何ぞ和尚に問わざる」。どうして和尚に問わないのか、と智蔵が言います。「僧云く、和尚、来たり問わしむ」。お師匠さんが、行って聞いてこいと言われたのです。「蔵云く、我今日、頭痛す。汝が為に説くこと能わず。海兄《かいひん》に問取《と》い去《ゆ》け」。わしは今日は頭が痛いから、海さんに聞いてみろ、というのです。「僧、海兄に問う。海云く、我這裏《ここ》に到って却って会《え》せず」。そんなこと言われても、そこのところは、わしにだって分からんわい、ということでしょう。そこへ、圜悟禅師が「忉忉《とうとう》たるを用いず。従教《たとい》千古万古なるも黒漫漫」。こういう下語をつけています。「僧、馬大師に挙似《しめ》す」。僧は馬祖に報告しに行くわけですね。すると「馬師云く、蔵頭は白く、海頭は黒し」。この答えは、どうでしょうか。これがある意味、この則の一番肝心な眼目です。

年齢を調べてみますと、智蔵のほうが海兄より一回り年上のようです。ですから、これはありのままを言ったとみてもいいと思います。智蔵の頭は白く、白髪が出ている。それに対して百丈懐海の方は黒々としている。事実をありのままに言ったと取っても悪いことはないと思います。

ところが、そのようには取らず、何か理屈をつけようとするのが人間の業ですね。たとえば、このように言われます。注記を見てください。「智蔵の頭は白く、懐海の頭は黒い。二人の求道のスタイルの違いを対照的に示したもの」。このように理屈をつけようとします。それがまずいのだと思います。本当に大事なところを見逃してしまいます。

一番禅が生き生きとしていた時代は、中国の唐時代だと言われます。それが通説となっています。その中で、とくに一人を挙げるなら馬祖大師になるわけです。最も華やかだった唐の時代を過ぎて、宋時代の優れた禅僧は、達人たちの動きをよく見て、どうしたらあのようになれるか工夫し抜いて、公案体系を作ったと私は思います。

ですから、趙州和尚などについては、なぜそんなふうにしてしまうのか、と言われるかもしれませんが、無字の公案などを使っているわけです。ある意味、趙州の本意に反して、基本的公案として使っているのです。趙州の柏樹子も、基本的な公案として今使っている一つなのです。

「衆生本来仏なり」という本来底に目覚めさせるために、趙州の無字の公案を新到の雲水に与えています。わかってもわからなくても、それが間違いない近道だという確信のもとに、そうしています。朝から晩まで、無、無、と言わせて、ある時に本来底の自覚に至らせるのですが、なかなかうまくはいきません。そこでいくつかの公案を与え、だんだんと導いていくやり方を今はしています。

無ゥ!! と力いっぱい拈提すれば、無字を通ってしまうことがあるのですね。通るには二つありますね。本当にわかっていて、無、と言って通るのと、モノマネで、先輩の真似をして分からないままに、無、と言って通っていくのもあります。だからまことに、禅というのは危ないのです。剣道ならそうはいきませんね。わかりもしないのに、無、などとやっていると、すぐに怪我をしますね。

言葉にはできないものをしっかりと見て取って、無! と、やる、そういう場合もあります。言葉としては、無しか出していませんが、この無の中に全てがあるのだと。それを見透してやっている場合もある。いろんな場合がありうると思います。

「労倦《つかれ》たり」という言葉に関連して一つ挙げてみますと、臨済の参禅です。黄檗に参禅しますが、問いが終わらないうちに叩きに叩かれる。三回行って三回とも、同じ目にあうのです。さすがの臨済も「縁がないのだと思います。よそで修行しようと思います」と、睦州和尚に相談するのですね。そこで睦州が先廻りして黄檗に「近頃まれな行業純一の男です」と伝えるのです。すると黄檗は、大愚和尚のところへ行けと臨済にいうのですね。臨済は素直に大愚のところへ行くのです。

その道中は一ヶ月くらいだと思いますが、ずっと「どうして自分はあんなに打たれなくてはならないのか」と思いながら、大愚のところへ行ったと思います。大愚は黄檗の修行仲間ですから、見込みのある者がいたら送ってくれ、と黄檗に言っていたようなのですね。

そこに黄檗の元から臨済が来たというので、期待して聞くのです。「今、黄檗はどんな指導をしているのか」と。すると、「こんな目にあった」と臨済が話す。それを聞いて、「黄檗は、なんとまあ老婆親切なことよ」というのです。黄檗はそこまでやっているのかと。それを聞いて、臨済は大悟するのですね。

それまでは、いったい自分のどこが悪いのかと、一心に自分だけを責めていたわけです。そうしたら、逆のことを言われるのですね。親切だと、そこまでやっているのかと。黄檗がヘトヘトになるまで、おまえに尽くしているのに、おまえの目を開かせようと努めているのに、自分のどこに過ちがあるかなどと言っているのか。

ですからここも「我《われ》今日、労倦《つかれ》たり。汝が為《ため》に説くこと能わず」。朝から晩まで、馬祖大師がヘトヘトになるまで体を使って一日過ごした。これこそが祖師西来意ではないでしょうか。ちゃんと馬祖大師は、西来意を直指しているのではないでしょうか。しかし、あとはゴタゴタ言わない。それが禅問答ですね。「智蔵《ちぞう》に問取《と》いに去《ゆ》け」。智蔵は馬祖大師の腹はわかっていると思います。少し違うことを言いますが、同じようなことです。

「恥を知る」

ですから、わかった方から言いますと、言っていることは、無です。無と叫ぶだけですが、単なる「何もない」というのではないのですね。ある意味で、ありとあらゆるものが、無ということだと思います。しかし、それはやはり卒業しなくてはならないのでしょうね。

白隠禅師が「三百年来、自分のように悟ったものはいない」と豪語しました。そういう白隠も正受老人のところへ行ったら、「学得底だ」と否定されていますね。本当の実物を見せろと言われるのです。すると、無と言って済ませてもいられない。内容豊富なところをなんとか言葉に表さなくてはならない。けれども最初のうちは言葉として出てこない。それが事実なのだと思うのですけれども。

そこでやはり、公案の方では工夫してくれていると思います。自ずと単なる無ではないと分かるように、宋の禅者たちが工夫して日本に伝わり、日本は日本流に工夫を加え、雑則というのをつけているのです。これに対して中国でできたものを本則と言います。雑則の中で、とくに初関がわかったら、無字がわかったとみなして大丈夫だ、というようなものを作っています。一つ紹介しますと、「無字を渡せ」という。これができたら、まあいいだろうと。

それができたとすると、そこにどんなことが含まれているかです。

臨済録に「示衆編」という章がありまして、これが一番内容も頁数も多いのですが、その最初に「四料簡」というのが挙げられています。まず一番最初に挙げられているのは、「奪人不奪境」。人を奪って境を奪わず。人は自己、境は外の世界。真っ先に挙げられたのはこれです。一つの修行の道を示した言葉だと思います。外の世界はそのままにして、もっぱら自己を否定していくのです。趙州無字は、まさにそれです。無、無と言って自分を否定していくのですから。自分を否定していくと、周りの世界はどうなるでしょうか。本当に無、無、とやって自己が空っぽになることによって、外はそのままでも、諸法実相という世界になるのですね。自己を否定することを通してですね。

二番目に挙げられているのが「奪境不奪人」。逆のことですね。「境を奪う」。どういう言葉で言われているかというと、お釈迦様が生まれた時に発せられた言葉として残る「天上天下唯我独尊」。これが逆の世界ですね。天上天下唯我独尊と言いましても、自分一人が尊いのではないということは、どこでも言われています。一人一人が尊いという意味です。そこで公案のありがたいところは、無字を渡せ、といいます。これを本当にわかっていただけたら、無、ということが、ただ何もないということではないのだということが、よくわかっていただけると思います。

一例として、少し飛躍するかもしれませんが、「恥を知る」という言葉がありますね。もちろん、一般的な意味ではありません。この言葉をどんなところに使うか。たとえば、ひとつの開けに出ますね。無字なら無字で開けに出るのですが、恥ずかしさを知るということが大事になってくる。私はそれが禅だと思うのですが、どうでしょうか。

どうしてかというと、恥を知ることがその人を元氣づけていくからだと思うのです。普通は、恥を知るということは恥ずかしいということですが、そういう消極的な意味ではなく、恥を知ることによって、ますます修行に身が入っていく、というところがあると思うのです。

臨済禅師の有名な言葉を使えば、「心法は形無くして、十方に通貫し、目前に現有す」。心という法は形がないから目には見えないが、あるのだと。どういう形であるかというと、十方に貫き通っているのだというのです。そうすると、ここにも貫き通っているのです。そこにもあるのです。そうでなければ「十方に通貫す」とは言えません。それが我々一人一人に言えると思うのです。

どう言えるかというと、本当に開けに出るには、我々のどこを切っても、無字でなければならない。私たちが生きているどの場面を切っても、無字を生きているのだと言えなければ、無字を通ったとは言えません。大変なことです。ですから、恥を知るしかない。無字は通ったけれども、自分はそうではない。そんなことは言えない。それが喜びにならなければ嘘だと思います。喜んで恥を知る。そのことによって、これから至らないところを努めていくのだ。やり抜くのだ。そういうことが大事だと思います。

だから、「蔵頭は白く、海頭は黒し」。なんでもいいのですよ。なんでも言えるのです、一つの事実ならば。事実でなくても構わないと思います。片方は白髪、片方は黒々としている。これは事実にとどまりません。すべてが無字なのだ。だからその一コマとして、「蔵頭は白く、海頭は黒し」。髪の毛の色として言える。それはそれでいいけれども、実際はそんなことで終わることではなくて、そこにもっといろんなことが含まれているということだと思います。

ともかく第七三則に関しては、言葉をどんなに追いかけても、なかなか難しいということです。本当のことというのは、捕まえきれない。私たちは言葉をもってしがちですが、そうではないということです。

なんだか、わけがわからないことになりましたが、「西江水」の最後のところですね。「何事も去ったるところ、これ西江水なり。これより氣前《きさき》、表裏《おもてうら》と出ずるなり」。これより氣前、ここからが大事なのだ。氣の働き。それが、表と裏と出ずるなり。単なる氣の働きという目に見えないものが、技となって出てくるというのですね。それはまさに臨済録でいう、「妙応無方」というところです。方向無し。どこから打ってこられても、見事に応対できる。受けることができる。何もないところから技となって出てくる。これが大事なのですね。

ですから、どんな答えでもいいと言いましたが、何もないところから出る言葉が、みんな答えとなる。そういうかたちで「蔵頭は白く、海頭は黒し」を見てもらいたいのです。何もないところから機に応じて自ずから出る限り、みんな答えになるのだ。逆を言うと、「奪人」と言いましたが、人を奪うのではなく、一人の人間を最終的には作り上げるわけですね。全てが新たな人の誕生をもたらすのだと思うのです。それが、天上天下唯我独尊というところだと思います。それはお釈迦様に限ったことではない。誰もがそうなのだということですね。こういう働きを生み出す何かがそこにある。ひとつの緊張感があると、それが技となって生まれてくる。

盤珪禅師が「不生の仏心」と言ったのも、そこだと思います。何でもいいというのではなく、何でも仏心にしてしまうような何かが、自ずとそこから溢れ出てくる。そういうものが一番理想的ですが、ある意味では、何だそうか、というようなことでもありますね。「蔵頭は白く、海頭は黒し」が答えになるのですから。けれどもそうではない。何だそうか、と言って終わらない、そこから本当の修行を始めさせてくれるものは何かと言ったら、それが恥を知るという氣の高ぶりだと思います。これが死ぬまで修行を続けさせるエネルギーとなって働いてくるところに、禅がある、と私は最近思えてなりません。ところが、周りを見渡してみると、いかにそうでないか。何人の人が、そういう氣持ちでやってくださっているかと思うわけです。

私が前にいた祥福寺には、太通老師の「識羞」という墨跡が書院に掲げられてありました。それともう一つ、秋月龍珉先生が「恥を知る」ということを大事にしておられたわけです。けれど私は、やはり秋月先生は上等なのだと思っていました。私はちょっと違うのです、私は恥をかく世界を生きてきました。私は恥をかくことをエネルギーとして、今まで来たと思います。ですから、どこを切ったって無字だ、なんて言えませんね。通してもらったということは、そうでなくてはならないのでしょうが、言えない。そこでがっくりするのではないのです。それをバネにして無字を生きていこうと。こういうかたちで今に至っているのです。

一番怖いのは、禅とはそんなものなのか、と頭で捉え、そこでやめてしまうことです。どうか、途中でやめることなく、とことん、いのち尽きるまで禅と、共に手を把って生きていただきたい。数が少ないにしても、そういう人たちがいつの時代にもいた。だから禅は、今に続いているのだと言えると思います。

＊＊＊

第三回目の今回は、頌と、それから垂示を見てまいります。本則を承けて、雪竇禅師が頌を作っておられます。数ある公案の中から百則を選び、詩に謳っているわけです。この頌をさっと見てみましょう。

「蔵頭は白く、海頭は黒し」。これは馬祖大師の言葉そのままですね。このお言葉は、「明《みょう》眼《げん》の衲僧《のうそう》も会すること得ず」。目のはっきり開いた僧侶でも真意が分かるまい。「馬駒踏殺《けちら》す天下の人」。馬大師が天下の人をみんな蹴散らした。「臨済《りんざい》未だ是れ白拈賊《びゃくねんぞく》にあらず」。この馬大師の凄まじさから見れば、臨済禅師をもってしても、まだまだだ。

臨済禅師は「赤肉団上に一無位の真人有り。常に汝等諸人の面門より出入す。未だ証拠せざる者は看よ看よ」と言った。ある方がこれを聞いて、白拈賊と言いました。禅ではこの「賊」、盗人の働きを高く評価するのです。我々から抜きがたい煩悩妄想を抜き去ってくれるとして、大切にします。しかも白拈賊ですから、真昼間、人が見ている中で、人から奪い取るのです。しかも、そのことに人は氣づかない。盗られた本人ですら氣づかない。そういうような賊だと、かつて禅界第一の教育者といわれた雪峰禅師が評したのです。しかしこの馬祖から比べたら、そんな臨済も小僧っ子のようなものだと、雪竇は謳い上げているのですね。「四句を離れ百非を絶す」。これがこの則では最も大事な言葉ですが、いろんな人がいろんな取り方をしています。間違いなく言えるのは、何を持っていっても届かない、至らないと否定されるということです。真言は四句を離れて存在する。すべてを否定すればいいかというえば、「百非を絶す」、それを絶したところに真言があるのだ。しかし、真言があるかどうか、それが問題ですね。「四句を離れ百非を絶す」。これが問題だと挙げておいて、「天上人間《じんかん》唯だ我のみぞ知る」。雪竇は自問自答しているのだと思います。この「我のみ」は雪竇でしょう。私だけが承知しているのだ、馬祖の真価を。

垂示の魅力と難しさ

次に垂示です。全部含んだ上で、圜悟禅師が垂示を書いています。この則は垂示が最も難しいですね。しかし、このようにずっと読んできたところですから、何か掴めるだろうと思うわけです。碧巌百則の垂示はすべて難しく、難しいゆえに魅力があります。私はこの七三則の垂示が最も難しいと思っています。

「垂示に云く、夫れ法を説くとは、説くこと無く示すこと無し。其れ法を聴くとは、聞くこと無く得ること無しと」。これは『維摩経』「弟子品」の句と、注記に書いてあります。

維摩居士が病氣になります。「衆生病むがゆえに、我もまた病む」という有名な言葉の出どこですね。衆生が病んでいるから自分も病氣になったのだということ。それをお釈迦様が知って、弟子たちに見舞いに行くよう言いつけます。しかし、みんな辞退します。みんなかつて、維摩居士と問答をしてやり込められているからです。そこで「どうか、他の人を見舞いに行かせてください」というのです。

お釈迦様が目連尊者に言いつけた時、目連尊者も断ります。そこでこのようなことを言っています。維摩居士がかつて、目連尊者に言ったことです。「夫れ法を説くとは、説くこと無く示すこと無し」。目連尊者は神通第一と言われ、舎利弗と並び称された大弟子です。神通力もあるので、大いに弁を振るったのだと思います。それを聞いていた維摩居士が、こういうことを言ったのです。要約すると、あなたはガヤガヤと喋っているけれども、本当の説法とは、無説無示。これこそが真の説法ではないか。「其れ法を聴くとは、聞くこと無く得ること無し」。そして、聞く方になってみれば、聞くこともなければ、得ることもない。これこそが本当に聞くということではないか。

「説くも既に説くこと無く示すこと無くんば、争《いかで》か説かざるに如《し》かん」。法を説いたと言っても、真の説法であるというからには、説くことも示すこともない、と維摩居士はいうけれども、それなら、説かないのが一番いいではないか。「聴くも既に聞くこと無く得ること無くんば、争《いかで》か聴かざるに如かん」。何もご利益がないのだったら、聞くことも無用ではないか。

「而るに説くこと無く又た聴くこと無きも、却って些子《すこし》く較《たが》えり」。それなのに、説くことも聞くこともなくても、「却って些子《すこし》く較《たが》えり」。ここをどう訳しましょうか。ここは後のために取っておきましょう。

「只だ如今《いま》諸人」。今、皆さん。「山僧《それがし》が這裏《ここ》に在《お》いて説くを聴くに」。私、圜悟禅師がここで説法を聴くのに、「作麼《いか》生《に》か此の過《とが》を免れ得ん」。いかにこの過ちを免れることができましょうか。「透関の眼を具する者、試みに挙《こ》し看よ」。見性した目のある者、般若の目を得たと自負する者は、ここに一つの公案を挙げるから、しっかり見てくださいよ、と言っているのです。

戻りまして、「而るに説くこと無く又た聴くこと無きも、却って些子《すこし》く較《たが》えり」。「些子」はどういう意味でしょう。「較えり」もどう訳したらいいでしょうか。

昔から、真の説法というのは、維摩居士が目連尊者を諭したようなところにあるのだ、ということになっていますね。ですから私がここで、碧巌録を講じているけれども、どうして私がこのような咎を免れえようか。維摩居士が目連尊者を諭したようなことを、今、私はやっているのだから、というようなことでしょうか。どんなに精密に語ったとしても、それでいいとは言えない、ということでしょうか。そのあたりのことを、「透関の眼を具する者、試みに挙《こ》し看よ」。ここに格好の話頭を挙げるから、自分の目でしっかりと確かめてもらいたい、ということではないかと思います。

「我今日、労倦たり」

本則の方をもう一度見てください。出どころは本則にあります。

「僧、馬大師に問う」、ある坊さんが馬大師に問うた。「四句を離れ百非を絶して、請う師、某甲《それがし》に西来意《せいらいい》を直指せよ」。「四句を離れ百非を絶したところで、祖師西来意を直指してください」、といって出てきたわけです。「四句を離れ百非を絶して」ですから、何を言ってもそうではないでしょう、という魂胆で出てきたのかもしれません。言葉では示せないということですね。質問者は「西来意《せいらいい》を直指せよ」と言っています。言葉は使わないで、直に指差してください、という感じですね。

直指したいい公案は何だったでしょうか。趙州和尚の柏樹子の話がそれに当たりますね。

趙州和尚に質問者が尋ねます。「如何なるか是れ祖師西来意」。すると趙州和尚は「庭前の柏樹子」と答えるのです。そう言われたら、質問者は庭先にある柏の木を見ざるをえませんね。そして柏の木に祖師西来意を託すわけです。わしが答えるまでもない。柏の木を見ればわかる、ということです。まさにこれは西来意を直指した答えではないでしょうか。

もう少し踏み込んで言いますと、あの柏の木をわしが見ているように、おまえさんには見えるか、という答えだと思います。ですから、問いを質問者に返しているのです。そして、わしはあの柏の木に祖師西来意を見ている。おまえさんもそれが見えるか、と返している。ともかく、禅は己事究明です。自分が問題だという立場です。ですから趙州和尚がどんなに素晴らしい答えを出してくれても、それは趙州和尚の答えであって、自分の血肉となる答えかどうかはわかりません。本当に祖師西来意を見たいと思ったら、自分で見るしかないのです。柏の木に限りません。石ころでもいいでしょう。趙州和尚が見るように、それが見えるかどうかが問題です。

しかしこの質問者の問いは、「四句を離れ百非を絶して」と、言葉の問題が出ています。そこにやはり、質問者の問題点もあると思います。

圜悟禅師がそこに著語していますね。「什麽処《いずこ》よりか這《こ》の話頭を得来る」。これは「四句を離れ百非を絶して、請う師、某甲に西来意を直指せよ」という質問を言っていると思います。

どこからこの質問を持ってきたか。それは「四句を離れ百非を絶して」というところからでしょう。ですから質問者にとって最も大事なのは、「四句を離れ百非を絶して」というところだと思います。その場所、立場が一番大事だと言えるのではないかと私は思うのです。逆に言えば、その立場を離れずに、私に西来意を直指せよ、と言っているのだと思います。「那裏よりか這の消息を得たる」。どこからこういう便りを得たのか、と圜悟禅師が質問僧に対して下語しているのです。それに対する馬祖大師は、「我《われ》今日、労倦《つかれ》たり。汝が為《ため》に説くこと能わず」。疲れておまえさんに説く元氣がない。「智蔵《ちぞう》に問取《と》いに去《ゆ》け」。第一座の智蔵のところへ行け、というのです。

　これは答えているのでしょうか、答えていないのでしょうか。圜悟禅師の著語を見ますと、「退進三歩」と言っていますね。三歩下がって、「蹉過《すれちが》うも也《ま》た知《きづ》かず」。圜悟禅師の見方は、見事に答えている、というものだと思います。見事に答えてくださったぞ、しっかり聞き取ったか、と言っているのです。おそらく聞き取れなかったのでしょう。ちゃんと立派な答えを出してもらっているのに、惜しいな、すれ違ってしまったな。

「身を蔵《かく》して影を露《あらわ》す」。自分の体を隠して、影だけ見せられた。表面上は答えていないように見えるけれども、それが影だけを表している。そうではないのだ。さすがは馬大師だ、と言っているのでしょう。「不妨《さすが》に是れ這《こ》の老漢、別人に推過与《おしつ》けたり」。別の人の方へ持って行かせた。答えていながら答えない素振りで、質問自体は他人に回した、と言っておられます。

そこで智蔵に問います。「也《ま》た須《すべか》らく他《かれ》に一摑《ひとつき》を与わすべし」。馬祖大師と同じく、必ず彼に一喝を与えなければならないぞ。「蹉過《すれちが》うも也《ま》た知《き》かず」。またすれ違うかもしれないが。

「蔵云く、何ぞ和尚に問わざる。僧云く、和尚、来たり問わしむ」。どうして和尚さんに聞かないのだ。下語して、「草裏より焦尾《しょうび》の大虫《とら》出で来たる。也《ま》た什麼《なに》を道《い》うぞ。直得《つい》に草縄もて自ら縛り、死を去ること十分《じゅうぶ》」。草むらから、尾っぽの焦げた大虎が出てきた。そして、何といったか。大変なことを言ったぞ。自ら己事究明に徹し、十分死に切った人物の吐いた言葉だ。諦聴に値いするぞ。

「蔵云く、我今日、頭痛す。汝が為に説くこと能わず。海兄《かいひん》に問取《と》いに去《ゆ》け」。このように智蔵はいったのです。百丈懐海の元へ行きなさい。僧は百丈懐海禅師のもとへ行きます。

「海云く、我這裏《ここ》に到って却って会《え》せず」。ここまで言われると、わけがわからなくなる。

「僧、馬大師に挙似《しめ》す」。誰も答えてくれませんでしたというと、「馬師云く、蔵頭は白く、海頭は黒し」。前にも言いましたが、智蔵と百丈懐海は十一歳違い、一回りくらい智蔵和尚の方が先輩ですね。そこで最後の「蔵頭は白く、海頭は黒し」となったのだと思います。ありのままを言ったのだと思います。

そこに圜悟禅師が下語しています。「寰中にては天子の勅、塞外にては将軍の令」。そこの注記を見ますと、「国内では天子の勅命、辺境では将軍の命令。鶴の一声。確固不動の断案」としています。そうでしょうね。二人のお師匠さんですから。それが古参の弟子の評価をしたのですから、確固不動の断案でしょう。

結局どのように見たらいいのでしょうか。このあたりで方向を変える一転語を、みなさんからいただきたいのですが。

言葉ということに関しては、禅のスローガンで「不立文字」というものがあります。言葉はなくてはならぬものではない。不要とは言いませんが、なくてはならないものではない、というのが禅の立場です。そして「教外別伝」という言葉もあります。教えの他に別に伝える。

最初の馬祖の答えをみてください。「我《われ》今日、労倦《つかれ》たり。汝が為《ため》に説くこと能わず」。これは答えているか、答えていないか。圜悟禅師は見事に答えていると下語で示しています。どうして答えていることになるのでしょうか。

最後にある「蔵頭は白く、海頭は黒し」。これは一つの事実ではないかと私は申しましたが、白と黒なら全く反対のことですね。ここには文字として載っていないから、難しいでしょうが、問答をしている禅者同士は面と向かって顔を合わせているので、我々が知りえないところもわかる利点があるでしょう。

例えば、これは文字化されていますが、隠山・卓洲の法系のうち綿密の家風と言われた卓洲下の一つの見方で、「昨日は大風で門前の松や楠が倒されたが、今日は台風一過、うって変わってまことに良い天氣で、小鳥も楽しそうにさえずっておる」という見方をしているのです。もっと短く言いますと、「智蔵は白く」の白を天氣が良い方ともとれます。黒い方を大風にとれますね、事実そのままというならば。ところが平等や差別ということでいうと、平等の方が真っ黒ですから、百丈が黒。智蔵が白ですから明白、あるものをありのままに見る白昼の世界ですから、差別の世界。いろいろにとれます。そういうことを匂わせる言葉でもあると思います。

垂示を見てください。「夫れ法を説くとは、説くこと無く示すこと無し」。法は説けないのだ。大いに目連尊者は説きまくったつもりだったが、それは説法ではない。では説法というものはないのか、それともあるのか。これは理屈ですが、無説の説というのが禅の見方だと思います。説いたと思ったら説法ではなくなる。しかし説かない、説けないところが、また説法になっているようなものであって、初めて本当の説法と言えるのだ。そういうところに問題があると思います。

ですから、馬大師の最初の答え、「我《われ》今日、労倦《つかれ》たり。汝が為《ため》に説くこと能わず。智蔵《ちぞう》に問取《と》いに去《ゆ》け」というところにこそ、本当の答えが出ているのだ、と読み取るしかありません。これが「蔵頭は白く、海頭は黒し」に通じていくのです。

どういうことか。「我《われ》今日、労倦《つかれ》たり」は、今日は天氣が良くて朝から一日中作務ができた。仕事がはかどった。そこで疲れた。ヘトヘトだから、おまえさんに説く元氣はない。智蔵のところへ行ってくれ。それは聞きようによっては、見事な答えになっています。一日中働いたということです。それこそが、この質問に対する答えではないでしょうか。「四句を離れ百非を絶して」働いたということです。それで疲れた。そんな質問なら智蔵のところへ行けと言った。

智蔵も海兄もしっかりと答えている。聞く方が説法として聞けたかどうか。それは僧自身の自覚に待つしかないのです。四句を離れ百非を絶するというところにこだわっていたら、一生聞き取れません。けれども、禅が大事にするのはそういうことではない。ここに現れているようなことが、禅にとってはいのちなのだと思います。圜悟禅師は、それに比べると、のちに臨済禅師が世に出て、白拈賊と言われるような説法をしているけれども、臨済などは甘っちょろい、というような言い方をしているわけです。

「放つ位」とは

もっと違うかたちで、同じことを言えないかと思っています。そこで「西江水」というのを持ってきました。そこのところで、柳生連也という名前が出てきました。大森曹玄老師の『剣と禅』（春秋社〈初出「大乗禅」〉）という本があります。その一章がそれに割いてありますので読んでください。「放つ位」という章で、「柳生連也の至境」という副題が付いています。出だしを読んでみますと、「尾州の第二代瑞竜公、徳川光友が、その剣道の師、新陰流正統五世の柳生厳包入道連也に、自分の悟ったところを呈示したものだといわれている歌に、『張れや張れただゆるみなきあづさ弓放つ矢さきは知らぬなりけり』というのがある」。その「放つ」です。

これは非常に緊張した世界です。「張れや張れただゆるみなきあづさ弓」ですから、強弓を引き、「放つ矢さきは知らぬなりけり」。飛んでいく方向など知らない、ということです。命を使い切っているというのです。

続けて「この歌を、同流第二十世の柳生厳長先生は、日本剣道の真髄たる『真剣の妙趣』を詠じたものとして、これを精進、充実、超絶の三段に分け、大略次のように説いている。

○まことに『真剣』は、層々向上極り無き精進――向上発展、勤勉、努力そのもの、即ち是れ誠心であります。瑞竜公の「張れや張れ」であります。これを誠にするは「人」にあります。○この精進、誠心による充実――充ち満ちた姿であります。兵法にこれを『勢』と謂ひ『位』とします。『ただゆるみなきあづさ弓』であります。これは『地』にあり、また『人』にあります。○さらに『真剣』は、この精進、充実を頂点とし、その絶頂からの飛躍であり、擺脱《はいだつ》であり、超絶境であります。生死脱得であります。真に百尺竿頭一歩を放って行くものであります。『放つ矢さきは知らぬなりけり』であります。兵法にこれを『放つ位』『一刀両断の位』といふ。これは『天』にあります」。このように書いておられます。

この「張れや張れただゆるみなきあづさ弓」が大事です。これが公案体系でいう機関にあたると思います。これがなくてはならないのですが、これが最終ではない。その先に、向上の世界があり、そこには「放つ位」という世界が開けているということを、ぜひ知っていただきたいと思います。

盤山宝積禅師という方の空中に剣を振り回しているというお話を西田幾多郎が目に留め、鈴木大拙に尋ねています。それについて、ある方に教えてもらいたいとお聞きしたところ、「それは、空からいかにして人が出るかという問題かと思います。空中に剣を振るうとは無念ということですね。無念無想から生じるという」と言うのです。

人が生まれるのですね。人といえば臨済禅師ですね。その臨済も馬祖から見ればひよっこだと圜悟禅師は言っています。いかに馬祖がすごいか、ということになりますね。西田は哲学者ですが、坐禅もした方です。そのセンスの凄さに驚きます。空中に振るっていたということに目が止まるのですね。

いま申した公案の中に、五位というところがあります。これが平等や差別を云々するものです。五つに分けています。初歩的なところから奥の院まで。最終的な部門を「兼中到」というのです。これが柳生連也の「放つ位」に当たるのではないかと思います。

どうしても、禅の場合は単なる理屈に陥りがちです。それを非常に警戒しなくてはいけません。ところが剣道の方は、一つ間違えば命を落とすことになりますから、真剣勝負です。そういう意味で、剣道に学ばされるところが多いのです。その中に、このようなことが書いてあるのです。

大森老師の『剣と禅』の一節です。「先の太刀」という言葉です。「先手を取る」の「先」です。ちょっと読んでみましょう。

「『先』のことについては既に前章で概説したが、そのとき先とは、太刀打ちの先後や遅速のことではなく」、遅いとか早いではないというのですね。では先とは何かというと、「いつでも本体から発し、そこから全体作用すること」とあります。我々でいうと「本来無一物」

というところでしょう。本来無一物になっていて、そこから全体作用で出て行くのを、先というのだというのですね。「臨済の言葉でいえば『無位の真人』の活面目とか、『独脱無依の妙用』とかいうのが、それに当たるものと思う」。このように大森曹玄老師はおっしゃっています。

「柳生厳長先生の言葉によれば、『新陰流は流祖以来、太刀の構えをたよりにしない剣である』というが」、剣道ですから、剣が頼りのはずですが、剣の構えは頼りにしないというのですね。「それについて柳生宗厳は、『当流に構太刀を皆、殺人刀と云ふ。構の無き所を何れのをも皆活人剣と云ふ』」。柳生流では、構えがあるところをすべて殺人刀といい、構えのないところをすべて活人剣と云うことにしたのだと。そして「『又構太刀を残らず截断して除け、無き所を用ゆるに付き、其の生ずるにより活人剣と云ふ』と伝えている」。

そんなことを言っておきながら、「宮本武蔵も構えは本来有って無いものである、要は太刀を『斬りよきように持つ』だけのことだといっているが、連也の松井に対するはたらきは、この『構太刀を残らず截断して除け』た『裸々の位』から、『無き所を用』いたものということができるであろう」。松井というのは連也の門人の一人で、いつも師匠を打ち込もうとして失敗するのです。

さらに「柳生厳長先生は、右の殺人刀、活人剣について、雑誌『師と友』に発表した『柳生流道眼』の中で次のように述べている。『なほ、殺活は、敵をすくめて（威圧して畏縮させ）勝たうとするを殺とし、敵をすくめずして、働かして勝つを活とし、活人剣は新陰流が本源とする極意である』」。相手を働かせて、勝ちを我がものにするのだというのです。先は相手に譲るのです。逆転して、勝ちはこちらに取るのが極意だというのです。

「働かして勝つというのはおもしろい言葉だと思う。人境倶に奪わず、といった境地でもあろうか、いわゆる『放つ位』の勝理は、おそらくそういうものだと思われる。古来、『神武不殺』といわれるのも、そういう境地であろう。敵の好むところに従って勝つ道である。山岡鉄舟翁の『剣法真偽弁』にも、『夫れ剣法正伝真の極意は別に法なし。敵の好む処に従ひて勝を得るにあり。敵の好む処とは何ぞや。両刃相対すれば必ず敵を打んと思ふ念あらざる者なし。故に我体を総て敵に任せ敵の好む処に来るに随ひ勝を真正の勝と云』とある」。山岡鉄舟もこのように言っているのですね。

「そういう自由なはたらきは、構え太刀に拘泥している分際ではできないことである。一切の構えを解脱したまろばし（転）の道、すなわち、身も心も太刀も一つになって、円い球が盤上を転ずるように、対象に随って円転自在にはたらく自然必勝の道の体得者であって、はじめて能くし得るところである」。

そして「このような、なにものにも依存しない無依の根源から純粋に発するはたらき」、無依と言っていますね。大森曹玄老師の室号は無依室。その無依です。なにものにもよらない無依の根源から純粋に発するはたらき、「臨済のいわゆる『無根無本、無住処にして活潑々地』なるもの、それが『放つ位』の位相だと思う」。

こう言っておられますが、どうしても「放つ位」というものの雰囲氣を知っていただきたいのです。これは本当にわかりやすいですね。我々の思いも及ばないところですが。

五位の最後の兼中到という世界、その前の兼中至という世界もすごいのですが、行き着くところはどんなふうになるか。大森曹玄老師はこう書いています。

「もっとも感激に堪えないのは独妙剣、即ち兼中到の一位である。太刀を正眼に構えてじっと立っているところへ、敵がスッと出てきて面上を一撃するが、心も身も微動だにしない。敵の刀は当たらずそのまま我が前に落ち、敵は尾を巻いて去る。その退いていく敵に追い打ちをかけるでもなく、迫っていくでもない。依然として正眼のままじっと立っているだけである。これをこそ正偏を絶して有無に落ちず、折合して炭裡に帰した閑古錐の姿であろう。たしかにこの独妙剣に至っては剣禅一如というも当たらない。それは剣にして剣にあらず、禅であって禅ではない。剣禅を絶した至境というのほかはない。至境を己のものにした剣者は剣聖といっても過言ではないと思う」。

独妙剣というのです。剣だけが何もないところに働いているというのです。この独妙剣の境地を、剣から人に写し取るところに禅があるように思います。独妙剣という「放つ位」を人間そのものに主体化したところに、禅という世界が生まれてくるのではないかと思います。

息と一つになる

これは、いわゆる剣の説をお借りして述べましたが、これを呼吸でいくのが禅だと思います。そのプロセスを剣はよく説明してくれると思いますが、剣でなく呼吸でもいける。それが禅です。

昭和四十六年一月に遷化されましたが、関東の奥多摩に加藤耕山和尚という方がおられました。その方の話を紹介して終わりにしたいと思います。

ある人がその方のお寺で数日過ごした。ある時、和尚さんに呼ばれて聞かれた。何か感じたかと。その方はいろいろと答えます。それまで本も読んでいるし、学んだことを並べて答えたそうです。

ところが老師は「だめじゃよ。そんな本で覚えた悟りは役にたたないよ。自分の腹で錬り直せ。よいかな、腹を作るというのは、腹の筋肉を作ることだ。わしの腹には仏様が入っていらっしゃるから、コチコチの達磨さんみたいじゃ」。腹の筋肉が発達していて硬いというのですね。「ほれ触ってみぃ」と、大きなお腹を出して触らせてくださったそうです。「悟りというのは呼吸と一つになることじゃよ」というのですね。「仏と一緒になる道は、息と一つになるのが近道だ」。三昧ということですね。「坐禅というのは、息に始まり息に終わるといわれている。万物草木すべて息をしている。皆、人間と同じように生きているんじゃよ」。こう言われたそうです。

ここですね。息と一つになる。これに尽きるのです。そうするとやはり、西江水が一番近いのです。ハセセとありましたが、そこに溜め込むことが一番の近道だ。あとは自然に、その腹で対すればいい、ということになりそうです。そして、それが実際、結論ではないかと、今の私は思っています。それには、こうした剣道の本に非常に刺激を受けますね。我々は地味で大変ですが、西江水をハセセに満たして、息と一つになることが、一番の放つ位へ行く近道ではないか。このように思うのです。

金牛和尚、呵々大笑す——第七四則「金牛和尚呵呵笑」

【垂示】垂示に云く、鏌鎁《ばくや》横に按《かま》えて、鋒前《きっさき》もて葛藤窠《かっとうか》を翦断《たちき》る。明鏡高く懸けて、句中に毘盧印《びるいん》を引き出す。田地穏密《きょうちおんみつ》の処、著衣喫飯《じゃくえきっぱん》す。神通遊戯《じんつうゆげ》の処、如何《いかに》か湊泊せん。還《は》た委悉すや。下文を看《み》取よ。

【本則】挙す。金牛《きんぎゅう》和尚、斎時《さいじ》に至る毎《ごと》に、自《みずか》ら飯桶《めしびつ》を将《もっ》て僧堂の前に舞を作《な》し、呵呵大笑して云く、「菩薩子《ぼさつし》、飯を喫し来たれ」と。雪竇云く、「此《かく》の如くなりと雖然《いえど》も、金牛は是れ好心ならず」。僧、長慶《ちょうけい》に問う、「古人道《いわ》く、『菩薩子、飯を喫し来たれ』とは、意旨如何《いかん》」。慶云く、「斎《さい》に因って慶讃《けいさん》するに大いに似たり」。

【頌】白雲の影裏《かげ》に笑うこと呵呵《かか》、両手に持ち来たりて他《かれら》に付与《わた》す。若是《もし》金毛の獅子《しし》ならば、三千里外に誵訛《ごうか》を見ん《みぬか》。

馬大師の心印

垂示から始めます。前回は四句百非でした。最近私が考えていることは、四句百非に全て出ているので、行き着くところへ来てしまったという氣持ちです。今回の金牛和尚という方もまた、馬祖大師のお弟子さんです。ですから、ある意味、前回の続きです。一つのピークが第七三則だと思ってください。

まず、意味を追ってみましょう。「垂示に云く、鏌鎁《ばくや》横に按《かま》えて」。鏌鎁は名剣です。触れるものを全て切ってしまうような名剣です。それを横に提げて、「鋒前《きっさき》もて葛藤窠《かっとうか》を剿断《たちき》る」。その矛先で、現実のいろんな問題を断ち切る。

ここから何が浮かびますか。葛藤は公案ですね。趙州無字でしょう。この垂示を書いたのは宋時代の方ですから、公案禅を作った方です。そうしますと、圜悟禅師はまず一番目に、公案体系でいうところの理致の世界を言っているのだと思います。「鏌鎁《ばくや》横に按《かま》えて、鋒前《きっさき》もて葛藤窠《かっとうか》を翦断《たちき》る」。趙州無字を念じて、何が来ても「無」、と切っていくのですね。そして案内してくれるのが理致という世界でした。

次は「明鏡高く懸けて」。明鏡とは研ぎ澄まされた鏡。ここからは宝鏡三昧の世界を思わされます。公案体系でいうと、「宝鏡三昧、三年修せよ」ということをやらされます。三年で済むかどうかはわかりませんが。これを「高く懸けて」、鏡台に立てるのです。「句中に毘《び》盧印《るいん》を引き出す」。宝鏡三昧の世界は前に来るものをピタッと映します。私はあなた、あなたは私というふうに想像してもらって間違いないと思います。私があなたであるという世界へ案内してくれます。「句中に」とありますが、言葉に出会った時には宝鏡三昧の世界はどうなるのでしょうか。言葉になりきるということでしょう。そこから、言葉を生かして使うということが生まれてくると思います。

趙州無字の場合はみんなぶった切りますが、宝鏡三昧の世界では言葉を生かして使う。言葉そのものになりきるのです。「毘盧印」は注記にもありますね、「毘盧遮那仏の法界定印。真理の証」と。印と付いているので、法界定印としたのでしょう。毘盧遮那仏ですから、法身仏です。法身仏というと、天地いっぱいという感じですね。東大寺の大仏です。

もう少し想像を広げると、どうなりますか。毘盧遮那仏、法身仏。普通ならば、印がつく言葉に心印という言葉がありますね。ここではそうでなく、毘盧印と書いていますが。いろんな祖師方が歴史上におられますが、その中で一番と言ったら、馬祖道一だと臨済宗では言います。この則に出てくる金牛和尚のお師匠さんでもあります。

ですから、毘盧印というのは馬祖の印と読んでも、外れていないと思います。句中に毘盧印、馬祖の印を引き出す。「馬駒踏殺す天下の人」という頌が前の則にありましたが、そのように馬大師の心印を引き出す、と言っているのでしょう。本則を読む手掛かりとして、こうおっしゃってくれていると思います。

「田地《きょうち》穏密《おんみつ》の処、著衣《じゃくえ》喫飯《きっぱん》す」。田地は境涯です。禅とは己事究明だと言います。自分の境涯をまずしっかりと基礎づけることが大事です。それも宝鏡三昧三年のあたりに来ると、基礎でなく深めていく「穏密《おんみつ》の処」になる。穏密に深まった境地で「著衣《じゃくえ》喫飯《きっぱん》す」という世界が開けてくるのだと思います。これは何か、公案体系でいう向上の世界を匂わせているように思います。

しかしそれだけではない。「神通遊戯《じんつうゆげ》の処」もある。摩訶不思議、遊戯、遊んでいるのではないか。そんなところもある。「如何《いかに》か湊泊せん」。湊泊は、勘所をつかむの意。向上の世界には摩訶不思議なところもあるが、そんなところをどのようにつかめばいいか。「還《はた》委悉すや」。さあ、詳しく知っているか。そのへんを承知しているか。「下文を看取《み》よ」。次の文をしっかりと見て取ってください。このような垂示をしてくれているのです。

「菩薩子、飯を喫し来たれ」

本則を見てみます。「挙す。金牛《きんぎゅう》和尚」。この金牛和尚が馬祖の弟子で、この則の主人公です。「斎時《さいじ》に至る毎《ごと》に」。御飯時になるたびに、「自《みずか》ら飯桶《めしびつ》を将《もっ》て僧堂の前に舞を作《な》し、呵呵大笑して云く、菩薩子《ぼさつし》、飯を喫し来たれと」。菩薩の子らよ、さあ、僧堂に集まれ、飯を食べなされ、ということでしょう。ご飯を食べにこちらへやってこい、というように言われた。それだけなのです。

「雪竇云く、此《かく》の如くなりと雖然《いえど》も」。このようにいつも言ってくれているけれど、その心はどうか。「金牛は是れ好心ならず」。好心は善意、好意。ですから、金牛和尚の心は必ずしも善意ではないぞ。このように雪竇は言った。これはどういうことでしょう。

「僧、長慶《ちょうけい》に問う」、今度はある坊さんが長慶に尋ねています。「古人道《いわ》く、菩薩子、飯を喫し来たれとは、意旨如何《いかん》」。そのお心は、いったいどんなものだったというのですか。

「慶云く、斎《さい》に因って慶讃《けいさん》するに大いに似たり」。斎も慶讃も良い意味ですね。長慶は、お米を炊いてきて大いに喜び、褒め称えているのだ、といった。修行がしっかりしていることを、大いに喜び諂っているのだ、といった。雪竇は「好心ならず」と言いましたが、長慶は素直に取っているのです。このあたりはどのように捉えたらよいのでしょう。

もう一度読みましょう。金牛和尚は食事時になると、自ら炊いた飯桶を持って出て、僧堂の前で舞を踊って大笑いして言う。菩薩子がたよ、さあさあ、やってきてご飯をおあがり、と。ところが、この本則を選び、頌を作っている雪竇は、「このように言ってくれているが、素直に受け取っていいものかどうか」。このように疑問を呈します。

この問題をある僧が、雪峰の弟子の長慶に尋ねます。長慶の方が雪竇より先輩ですね。長慶は非常に真面目な人です。真っ当な答えをする方です。長慶は「斎《さい》に因って慶讃《けいさん》するに大いに似たり」といったのです。そうすると、雪竇の言葉をどう見るかが、この則のポイントになるのではないでしょうか。

では、頌を見てみましょう。「白雲の影裏《かげ》に笑うこと呵呵《かか》、両手に持ち来たりて他《かれら》に付与《わた》す」。ご飯を自分で炊いて、菩薩子に振る舞った。その菩薩子方が「若是《もし》金毛の獅子《しし》子ならば」。金毛の獅子だったら、「三千里外に誵訛《ごうか》を見《みぬか》ん」。三千里の彼方に誵訛――問題の所在、ひとくせあるところ、と注記にありますね――を見ぬくだろうと。

私たち人間の住む世界は「ここ」だといつも言っています。「ここ」とは現実です。それが常識の世界、この世です。三千里外はそのもっと向こう。常識の世界ではないということです。つまり理致の世界であり、向上の世界でもあるということだと思います。ですから、この世の見方を常識とすれば、般若のまなこで、この諦訛を見ぬく、と言っているのか。向上のまなこで、諦訛を見ぬく、つまり金牛和尚の肚の底を見ぬくと言っているのか。そのどちらかでしょう。

金牛和尚の肚はどこにあるのでしょう。手掛かりになるのは言葉だと思います。「菩薩子《ぼさつし》、飯を喫し来たれ」と言っています。これはどんなことを言っているのでしょうか。

それに対して雪竇和尚が言っています。「此《かく》の如くなりと雖然《いえど》も、金牛は是れ好心ならず」。金牛の腹は決して好々爺ではないぞ、と。

二人は逆のことを言っているのでしょうか。それとも、同じことを言っているのでしょうか。その成り行きはどうでしょうか。

「金牛は是れ好心ならず」

それではここで、その手がかりに本則の評唱を見てみましょう。

「雪竇云く、如の此くなりと雖然《いえど》も、金牛は是れ好心ならずと。只だ這の一句、多少《かなり》の人錯《あやま》り会《え》す」。多くの人はここを誤って取っているというのです。

さらに続けて、「所謂《いわゆる》醍醐の上味は世の珍とする所と為るも、斯等《これら》の人に遇わば、翻って毒薬と成る。金牛既《すで》に是に落草して人の為にするに、雪竇は為什麼《なにゆえ》にか道《い》う、是れ好心ならずと。什麼《なに》に因《よ》ってか却って恁麼《さよう》に道《い》う。衲僧家須是《すべか》らく生機有って始めて得《よ》し。今の人は古人の田地《きょうち》に到らずして、只管《ひたすら》に道《い》う、什麼《なん》の心をか見、什麼《なん》の仏か有らんと。若し這《こ》の見解《けんげ》を作《な》さば、金牛なる老作家《てだれ》を壊却《そこな》い了らん。須是《すべか》らく子細に看て始めて得《よ》し。若《も》し只だ今日明日、口快些子《くちだっしゃ》ならば、了期《はつるとき》有ること無し」。

秋月龍珉先生の『禅と人生』（雪華社）の中に、大石良雄、つまり忠臣蔵の大石内蔵助にふれた一文があります。「山科閑居の心」でしたか、これはどのようなことを言っているのでしょうか。昼行灯と言っているんですね。吉良を討つという心は持ち続けているけれども、それをおくびにも出さずに遊びほうけている。それを昼行灯に例えた。昼間の行灯ですから、目立たない。明かりが隠れてしまう。まさに、「此の如くなりと雖然《いえど》も、金牛は是れ好心ならず」。ここにそれがピタリと当てはまりませんか。見解として出すならば、「この昼行灯めが！」という感じですね。

その前の金牛和尚自身の言葉としては、「菩薩子、飯を喫し来たれ」。これは言葉そのままでしょう。けれどもそこに隠している心があるとしたら、それはどんなものでしょうか。そして、とどの詰まりはどちらが強いのでしょうか。「菩薩子、飯を喫し来たれ」というのは普通の言葉ですね。平常の言葉です。その裏に何か隠しているとしたら、どんなものを隠しているのでしょう。雪竇は隠しているといいます。どんな心を表に出さず、金牛和尚は「菩薩子、飯を喫し来たれ」などと、当たり障りのないことを言っているのでしょうか。

修行が、十分かどうか。食べるだけが能ではないぞ。集まって食べるのはいいけれど、食べるに値する修行を君たちはしているのか。そういう刃が隠されているかもしれませんね。そのあたりを雪竇は突いているのだと思います。そこが「好心ならず」になるのではないでしょうか。

さあさあ、召し上がれ、と言いながら、君たちの中の幾人が、この飯を喫するに足る修行をしてくれているかな。そんな感じではないでしょうか。いずれにしても、雪竇と金牛和尚の氣持ちはひとつだと思います。「昼行灯めが！」ということを追っていくと、金牛和尚のここに至るのではないかと思いますが。

雪竇の頌をもう一度、読んでみましょう。「白雲の影裏《かげ》に笑うこと呵呵《かか》」。明暗双双という言葉がありますね。世の中のことを表すのですが、その金牛和尚の呵呵たる笑いは、いったいどちらか。素直に修行者に腹を満たしてもらいたい、というものか、それとも「好心ならず」なのか。

「両手に持ち来たりて他《かれら》に付与《わた》す。若是《もし》金毛の獅子《しし》子《じ》ならば」。修行者たちが金毛の獅子ならば、馬祖の弟子、金牛和尚は、まさに金毛の獅子だったのでしょうか。「金毛」の金は「金牛」の金でもありますね。その呼びかけにふさわしい修行者は誰か。これも垂示にあった明鏡——宝鏡三昧の宝鏡と同じで、真の金毛の獅子でなくてはいけないのです。「三千里外に誵訛《ごうか》を見《みぬか》ん」。たちどころに見ぬく。鏡に映った瞬間に見て取る、ということですね。直下に金牛和尚の腹を見ぬいていなくてはならない。このようになりますね。

剣の道と禅

もう一つ、大森曹玄老師の『剣と禅』（春秋社）を、ぜひ読んでみてください。すごいことが書いてあります。本当に面白いし、ためになる。武道というのは真剣勝負で、一つ間違えれば大変なことになります。その中で、針ケ谷夕雲《はりがやせきうん》という方が出てくるところがあります。そこを読ませていただきます。いかに真剣勝負かがわかります。

針ケ谷夕雲が生きた時代は、徳川幕府の初期の頃ですね。「あるときのこと、一人の浪人が夕雲に向かって、『先生の竹刀は鉄兜でも破ってしまうくらいの威力があると聞きましたが、ほんとうでしょうか。わたくしが兜をかぶりますから、一つ試してみてください』と所望した」。

この浪人も偉いですね。命をかけて申し出たのです。「夕雲は再三断ったが、断れば断るほど自信がないものとでもみたのか、その浪人はしつこく要求して聞き入れるようすもない。やむをえず夕雲は、『では!』と竹刀をとって庭に出た」。

こう書いたのは大森老師です。「いつもの調子で竹刀を構えた夕雲は、スルスルと歩みより、近よったと見ると、無造作に浪人のかぶった兜の上からハッシと一打ちした。浪人はフラフラと片隅の木の下まで泳ぐようなかっこうで歩いて行ったが、どうしたことか、そこでバッタリと倒れた。見ると、無残にも口から血を吐いていた」。

ただこれだけです。兜が割れたかどうかは書いてありません。書いてあるのは、浪人が木の下で倒れて、口から血を吐いていたということだけです。命がけです。それに対して、禅の方は必ずしもそうではないですね。命がどうなるというものではないですが、果たして本当にそうか。

剣の方は、実に理を説いていると思います。命がけですから、大した理屈だと思うのです。禅の方はそうでないところから仕入れた理屈も多いと思うので、そのあたりは見分けていただかなくてはならないと思います。

その豪傑、針ケ谷夕雲という人が生まれた因縁を、そのあとに大森老師が付け加えてくれています。読んでみます。

「それほどの豪傑も年五十に達するころから、ふと、劣れるに勝ち、優れるに負け、同じものとは相打ちとは、さてもつまらぬものよと、これまでの自分の剣に疑問を抱き、その解決のために、東福寺の隠居で、そのころ江戸駒込辺の竜光寺にいた虎伯和尚に参禅することになった。彼は虎伯和尚には全く心服帰依したと見え、その指示通り工夫精進した結果、『一旦豁然として大悟し、兵法を離れて勝理明らかに、人生天理の自然に安座して一切の所作を破り、八面玲瓏、物外独立の真妙を得』たのであった」。

「そのころまだ師の玄信斎が存命していたので、自分の悟り得たところを物語った上、立ち会ってみると、明国に渡って、かの地にまでその名を知られたさすがの玄信斎も、『烈火の竹を破』るように破られてしまった。それからというものは、前に修得した諸流をみな捨て、『自己の禅味より得たるところの一法につづめては一生の受用と』して、これを『無住心剣』と呼んだわけである」。

六祖恵能禅師にありますね。「まさに住するところなくして、しかもその心を生ずべし（応無所住而生其心）」と。「腰には例の切腹用の一尺三寸ばかりの脇差だけということになったのも、おそらくそのころからであろう」。このように大森老師が書き残しています。

本当に禅理を分かりやすく説いてくれるのは、禅の書物よりもこういう本ですね。剣道で苦労した人の書いたものが、ものすごく分かりやすく説いてくださっていると思うのです。そしていま読んだような話になると、私などは手の届かない世界ですが、剣道の人の言葉でも、ぐさっとくるものがありますね。剣道はわからないなどと言ったところで、逃げられないものがあります。

もう一つ、それは宮本武蔵の言葉です。これも『剣と禅』の中に入っております。晩年だと思いますが、そのころ仕えた熊本の細川公から質問を受けるのです。そこを読んでみます。一口で武蔵の剣の道を語るとすると、「巌《いわお》の身」だと言っているのですね。これについての質問です。

「この巌の身について、あるとき細川公が武蔵にたずねたことがある。そのとき武蔵は高弟の寺尾求馬助を公の面前に呼び出してもらって、いきなり『求馬助、思し召しのかどあって只今切腹申しつける』と声をかけた」。武蔵が弟子にそう言葉をかけたのです。当然呼び出された求馬助は、殿様から何かあってこうなったのだろうと考えるでしょう。しかし一切そのようなことは尋ねないのです。「求馬助は静かに一礼して、『畏まりました。直ちに支度をいたしますから、しばしご猶予を!』と、神色自若として次の間に立っていった。その一念も生じない後ろ姿を見送りながら、『あれが巌の身です』と武蔵が説明したと伝えられている」。すごいですね。一言も言わずに、はい、と次の間で切腹の準備を始めたのです。もちろん切腹は止められたと思いますが。

これが、真剣勝負。なんということもなく、こういうことができるのがすごいですね。こういう生き方を四六時中していた、ということでしょう。だから、この期に及んで、一言もなく、腹をかっ切ろうとすることができたのだと思います。

真の個性とは

最後に、こういう話も聞いていただきたいと思います。「武蔵は、十三から二十八、九までの間に、命がけの真剣勝負を六十余度もしている。しかも、それを三十歳を超えてから本物ではなかったと反省し、五十歳にしてはじめて『兵法の道にあう』と、自ら述懐しているほどの豪の者である。その四十年の血みどろの修行を経て達した独であり、個である。……だから、武蔵のいうそれは、臨済のいわゆる『人境倶に奪う』——四料簡の一つ、人境倶奪ですね——の境を経て達したところの、『人境倶に奪わ』ざる世界における個だと見てよいと思う」。

人境倶奪の奥に、人境不倶奪がある。「血みどろ」と言ったのは人境倶奪ですね。人も境も倶に奪ってしまう。そのもう一つ奥に、どちらも奪わない世界がある。血を流さない世界です。自由にさせておくという世界。「かれは『それより以来は尋ね入るべき道なくして光陰を送』ったというが、その悠々自適の境涯は、人境倶に奪わざる事事無礙の世界でなければ、とても味わえるものではない」。

このあたりで大事なことが一つになるような氣がします。独と個という言葉が出てきました。真の個性とは何かということを、大森曹玄老師がおっしゃっています。どんなことをおっしゃっているか聞いてください。

「臨済ではないが、実際に人境倶奪した体験なくして、『人境倶に奪わず』底の個性などわかる道理がない」。人境倶奪を通らなくては、わかるはずもない。ここに何ともいえない個性が輝いているのだけれども、血みどろのこの世界を通って初めて、ここの世界の素晴らしさがわかるのだというのです。

今度は大森老師は自分のことを言います。「わたくしのやった直心影流の剣では、『後来習態の容形を除き、本来清明の恒体に復する』ことを主眼として教える」。恒体というのを教えられるのです。余計なものを取り去って本来清明の恒体に復するのです。「その除かなければならないはずの『後来習態の容形』、つまり生まれてからのちについた悪い習癖を、世間では個性だと錯覚している」。除かなくてはいけないものを、個性だと世間では誤解しているというのですね。「個性とはただの特殊性というようなものではない。普通いわれている独自性とか個性とかは、その後来習態の容形か、さもなければ一方的に抽象的に考えられた妄想にすぎない」。まったく勘違いしているというのです。

それから驚くべきことが書いてあります。真の個性についてです。「そういう独自などという妄想を全く殺し尽くしてしまって、いわゆる死にきり、成りきりしてゆくとき、そこに自分にとっては絶対に他であるような全体的一者が、おのずから姿を現してくる」。これです。自力・他力と言いますが、自力でもあり他力でもあるようなものが、そこから生まれてくる、新しく生まれてくる。つまり、「本来清明の恒体」が現れてくるのだ、というのです。

ただ、この恒体が問題といえば問題。「この恒体という言葉には、うっかりすると実体的な存在を思い浮かべさせるような語弊があることに注意する必要がある」。いつもある、というようにとられかねないけれども、そうではない。何もないところから生まれてくる、「いつも」という意味の恒です。いつも何もないところから生まれてくるが、恒体というものがあるわけではない、ということです。

「それは個的多としての独自であるとともに、全体的一でもある」。個的多とは、一人一人が持っている、ということです。個的多としての独自性だというのです。とともに、全体的一者である。個的多であるとともに、全体的一。その全体的一者が姿を現してくる。「臨済はこれを無位の真人と呼ぶ」。大森曹玄老師はこのように解釈しました。「それは己れであるとともに己れではない。己れではないとともに己れである。大燈国師の言葉でいえば、『億劫相別れて須臾《しゅゆ》も離れず、尽日相対して刹那も対せ』ざる者がそれである」。

肝心要のものが結びついてきます。これが面白いところです。「こういうものを本当の個性というべきであろう」。このように述べておられます。

屈棒、屈棒——第七五則「烏臼問法道」

【垂示】垂示に云く、霊鋒の宝剣、常に現前に露《あらわ》る。亦た能く人を殺し、亦た能く人を活《いか》す。彼《かしこ》に在り此《ここ》に在り、同《とも》に得同《とも》に失う。若し提持せんと要せば、一《ひとえ》に提持するに任《まか》す。若し平展せんと要せば、一に平展するに任す。且道《さて》、賓主《ひんじゅ》に落ちず、回互《えご》に拘《かかわ》らざる時は如何。試みに挙し看ん。

【本則】挙す。僧、定州《じょうしゅう》和尚の会裏《えり》より来たりて烏臼《うきゅう》に到る。烏臼問う、「定州の法道、這裏《ここ》と何似《いかん》」。僧云く、「別ならず」。臼云く、「若し別ならずんば、更に彼中《かしこ》に転じ去れ」。便ち打つ。僧云く、「棒頭に眼有り、草草に人を打つこと不得《なか》れ」。臼云く、「今日、一箇《ひとり》を打著せり」。又た打つこと三下《みたび》す。僧便ち出で去る。臼云く、「屈棒を元来人《なんと》の喫すること有る在《なり》」。僧、身を転じて云く、「争奈《いかん》せん杓柄《しゃくへい》は和尚の手の裏《うち》に在り」。臼云く、「汝若《も》し要《ほっ》せば、山僧《それがし》は汝に回与《かえ》さん」。僧近前《ちかよ》って臼の手中の棒を奪い、臼を打つこと三下《みたび》す。臼云く、「屈棒、屈棒」。僧云く、「人の喫すること有る在《なり》」。臼云く、「草草に箇《こ》の漢を打著す」。僧、便ち礼拝す。臼云く、「却って恁麼《さよう》にし去れり」。僧大笑して出《い》づ。臼云く、「恁麼を消得す、恁麼を消得す」。

【頌】呼ぶは即ち易《やす》く、遣《や》るは即ち難《かた》し。互換の機鋒子細に看よ。劫石《こうせき》は固くし来たるも猶お壊《え》すべし、滄溟《そうめい》深き処も立ちどころに須らく乾《かわ》くべし。烏臼老、烏臼老、幾何般《いくばく》ぞ。他《かれ》に杓柄を与うること太《はなは》だ無端なり。

烏臼和尚と修行僧

烏臼は馬祖大師の弟子です。垂示が素晴らしいのですが、素晴らしいだけによく分からないのです。ですからまず、本則からいってみようと思います。

「挙す。僧、定州《じょうしゅう》和尚の会裏《えり》より来たりて烏臼《うきゅう》に到る」。

ある僧が、定州和尚といっても誰か分かりませんね。この方の下で鍛えられた修行者が、馬祖大師の弟子、烏臼和尚のところにやってきた。この烏臼和尚は飛び抜けて素晴らしい方です。この烏臼が、修行者に問うのです。「烏臼問う、定州の法道、這裏《ここ》と何似《いかん》」。あなたの師匠の定州和尚の法の道は、ここと同じかどうか。昔の修行者は苦労していますから、一目見ただけでどんな道場かわかるということでしょうか。ここへやってきて、あなたの道場と比べてどうか。同じか、違うか、というのです。

「僧云く、別ならず」。別ではありません、と言った。「臼云く、若し別ならずんば、更に彼中《かしこ》に転じ去れ」。それが分かれば、ここにいることはない。同じならば、定州のところへ帰りなさい。そう言い終わるなり、「便ち打つ」。一棒を食らわせたのです。

「僧云く、棒頭に眼有り、草草に人を打つこと不得《なか》れ」。棒頭には眼がなくてはなりませんぞ。打つからには相当の理由がなくてはなりませんぞ。簡単に人を打ってはいけません、といったのです。この僧も、相当自信を持っているのでしょう。

するとと「臼云く、今日、一箇《ひとり》を打著せり」。これはどう解釈したらいいのでしょうか。「一箇」はいい意味でしょう。今日は打ちがいのあるやつに出会ったわい、という感じでしょう。それだけでなく、「又た打つこと三下《みたび》す」。続けて三度、叩いたのですね。これまたどういうことでしょうか。

「僧便ち出で去る」。すると、僧は打たれたままで立ち去ろうとしたのです。これも素晴らしいですね。なぜ素晴らしいか。大森曹玄老師の『剣と禅』といういい本があります。ぜひ読んでいただきたいのですが、その中の話に、宮本武蔵の話があります。

これは以前にもお話したことがあると思いますが、晩年、武蔵が九州の細川公に仕えたときのこと、細川公が武蔵に尋ねるのです。「あなたのいう不動心とはどういうことか」と。すると武蔵は弟子を呼んでもらいます。呼び出された弟子に対して、武蔵はなにも前置きをせず、「そなたに切腹を命じる」というのです。めちゃくちゃですね。弟子はそう言われて、一言も抗議せずに次の間に下がり、切腹の用意を始めたのです。こうして、細川公と武蔵がふたりきりになったところで、武蔵は「あれが不動心です」と伝えるのです。もちろん切腹はせずに済むのですが、細川公に不動心を目の当たりに見せつけるのです。ですから剣の達人とは凄いものだと思います。私たちなら、どういうことですかと言いたくなりますが、この人はさっと次の間に下がって、腹を切る用意をする。

ここでも僧は叩かれたまま、何一つ文句も言わずに去ろうとする。これもまた、大変出来た人物だと言えると思います。そのまま、烏臼のもとを去ろうとした。

それをみて、「臼云く、屈棒を元来人《なんと》の喫すること有る在《なり》」。屈棒はめくら棒と訳しましょうか。なんとまあ、めくら棒を甘んじて受ける人物がおったぞ。

そこで初めて僧が攻勢に出ます。「僧、身を転じて云く」、呼びとめられて回れ右をして言うことには、「争奈《いかん》せん杓柄《しゃくへい》は和尚の手の裏《うち》に在り」。どうしようもありませんな、というのです。なにしろ、棒は和尚がお持ちなのですから。

そこで「臼云く、汝若《も》し要《ほっ》せば、山僧《それがし》は汝に回与《かえ》さん」。もし、あんたが望むなら、あんたにこの棒を回してもいいぞ、というのです。

すると「僧近前《ちかよ》って臼の手中の棒を奪い」。修行僧は近づいてきて、烏臼から棒を奪い取るのです。そして「臼を打つこと三下《みたび》す。臼云く、屈棒、屈棒」。めくら打ちじゃ、めくら棒じゃ。

「僧云く、人の喫すること有る在《なり》」。自分が言われたことをそのまま返しています。そのめくら棒を甘んじて受けたものがおったぞ、というのですね。

「臼云く、草草に箇《こ》の漢を打著す」。はやまったな、というようなものですね。一箇の人物を叩いてしまった。

それを聞いて「僧、便ち礼拝す」。僧侶はそこでさっと、烏臼に対して拝をなした。すると「臼云く、却って恁麼《さよう》にし去れり」。今度はそうきたか、というのですね。

「僧大笑して出《い》づ」。そう言われた僧は大笑いして出て行った。

「臼云く、恁麼を消得す、恁麼を消得す」。いかにもおまえはそれだけのことはある。「消得」はその資格がある、それに値する、という意味ですね。普通は、やれやれ、いらんことを言ってひどい目に遭ったわい、という訳になります。

烏臼はこのようなことを言うのですが、これはどういうことでしょうか。そんなに難しいことではないですね。

「屈棒、屈棒」

みなさん、秋月龍珉先生の『一日一禅』（講談社学術文庫）という本をご存じですか。その中に、この則が二回に分けて出ています。どのような取り上げ方をしているか。一つは「屈棒、屈棒」という題で取り上げられています。

「ある僧が定州和尚の所から烏臼和尚の所へ来た。烏臼がたずねた。『定州の所とわしの所と比べてどうじゃな』。僧はいった、『別に変わったこともありません』。それを聞くと、烏臼は馬祖下の大機大用（偉大な機用《はたらき》）を発揮して、『別に変わりがないなら、こんな所におらずに、も一度あそこへ帰れ』といって、ぴしゃりと一棒をくらわせた。僧はいった、『ほんとに棒を使う眼をお持ちなら、人を見て打つべきです。いいかげんに人を打ってはなりません』。烏臼は、『わしはきょうほんとに打ちがいのあるやつを一人見つけた』といって、重ねて三つ打った。僧はもう和尚の手の内が見えたと、さっさと出ていこうとした。烏臼はいった、『めちゃくちゃ棒でも甘んじて受けるやつがおるぞ』。そこで僧は向き直って、『棒は老師が握っておられるのですから、どうしようもありません』と、賓位のまま一拶を返した。烏臼は『お前さんが欲しいのなら回してやるぞ』と、別に主位にこだわらぬ。僧はそんなら今度はこっちが主位だとばかり、近づいて烏臼の手中の棒を奪い取り、烏臼を三つ打った。烏臼は恐れおののく振りをしていった、『屈棒、屈棒（めちゃくちゃ棒じゃ、めちゃくちゃ棒じゃ）』。みごとな賓位ぶりである。ここがこの則の見所《みどころ》である。ここで古仏の境涯を拝まねばならぬ」。

このように言います。これが常識とは違うところだと思います。「僧はさっきのしっぺ返しをしていった、『めちゃくちゃ棒でも受ける人がおありですぞ』。烏臼はわびていった、『君のようなできた人物にいいかげんの棒を行じて、すまなんだ』。そこで僧は賓位に戻ってすっと礼拝した。これもまたみごとだ。烏臼はまた、『なんだ、そんなことですますのか』と、ふたたび主位に戻って切り込む」。普通なら、それで許すはずなのですが、主位の立場から烏臼が言おうとしたところが、「僧はもう相手にしない、大笑いして出ていった。烏臼はいった、『よう使うた、よう使うた』。でかした、でかした、と」。

どうでしょう。先日、いつもの碧巌会がありまして、そこで臨済録の話をさせてもらいま

した。臨済が主張していることを、見事に今日の烏臼と僧のやりとりがひっくり返している
のですね。臨済録で、臨済は「物に依らずして出で来たれ」と言っています。

名だたる馬祖の弟子である烏臼のところへ、修行者がやってきます。そういうような出会いの時に、臨済は「物に依らずして出で来たれ」ということを要求しているのです。無一物になって、わしのもとに出てこい、と。ところがこの十年ないし十五年の間、一人も無一物のまま現れた人物はいなかった、と嘆いています。みな胸に一物、背に荷物を担って出てきた輩ばかりだ。そういう連中相手に自分は何をしてきたかというと、その者が背負ってきた病を治してやったり、自網自縛になっている連中の縄目を解いてやったりしてきただけだ。

しかし、自分が本当にやりたいことはそういうことではない。本当に無一物でやってきた修行者と、とことん話し合いたいのだ、といっているのです。つまり、臨済録の序にあるように、「唯だ一喝を余して、尚、商量せんことを要す」、これをしたいのだ。一喝をぶつけたり、棒で叩いたりするのは、本当にしたいことではない。夜を徹して、そういう修行者と語り合いたい。

ところが、この則では、その臨済の本音を見事にひっくり返していますね。棒で叩いていますから。臨済がしたくないことで、対しています。ですからすごいですね。そして、これで成り立っていて、臨済の意にも適っている。だからものすごいのです。臨済の立場をひっ

くり返している。まさに顛倒夢想ですね。ひっくり返していながら、しかもそれが素晴らしい。一晩中語り合うより、一棒を与えて、さらに三度続けて叩いてお別れですから、むしろ禅的ですね。

秋月先生の本のもう一つの方を覗いてみたいと思います。今度は雪竇禅師の頌が取り上げられています。「互換の機鋒子細に看よ」という題で取り上げています。

「『碧巌録』の公案では、これまでも何回か、雪竇の頌を鑑賞してきたが、ここにも一つ。馬祖下の烏臼和尚がある僧とたたかわした『屈棒』問答につけた雪竇の頌である。『呼ぶは即ち易《やす》く、遣《や》るは即ち難し。互換の機鋒子細《しさい》に看よ。劫石《こうせき》固うし来たるも猶《な》お壊すべし、滄《そう》溟《めい》深き処も立ちどころに須《すべか》らく乾くべし。烏臼老《うきゅうろう》、烏臼老、幾何《いくばく》般ぞ。他《かれ》に杓柄《しゃくへい》を与う太《はなは》だ端《はし》無し』」。

こう謳い上げているわけです。「呼び寄せるのはやさしいが、うまく処置することはむずかしい。互いに主となり客となっての働きぶりを子細に見て取れ」。これこそが臨済の神髄です。賓主互換の素晴らしい用《はたら》きにあると思います。この用きが身についたら、「劫石（劫は無限に長い時間）の堅固さもまた破壊できるし、青海原の深底もたちどころに乾くと断言できるほどの大神通力、妙力が、いつでも無造作に現前するに違いない。烏臼老人よ、烏臼老人よ。あなたのような達人は幾人といまい、他人に手中の一棒をいとも無造作に貸し与えるとは、なんとみごとな働きか」。このように言っておられるわけです。

「言中に響きあり」

そこで頌を見る前に少し、本則を覗いてみましょう。そうすると頌も分かるでしょう。今度は下語も読みます。

「挙す。僧、定州《じょうしゅう》和尚の会裏《えり》より来たりて烏臼《うきゅう》に到る。烏臼問う、定州の法道、這裏《ここ》と何似《いかん》」。

ここに圜悟禅師が下語しています。「言中に響有り」。こころに響くものがあるぞ。何か本当のことがにじみ出ているぞ。「浅深を辨ずるを要す」。しっかりとその深さを見なさい。般若ならば深般若なのかどうか、読み取らなくてはならないぞ。「探竿影草《たんかんようぞう》」。危ないぞ、危ないぞ。「太煞《はなは》だ人を瞞《たぶらか》す」。一つ間違えたら大変なことになるぞ。

「僧云く、別ならず」。ところが、はっきりと別ではないというのです。下語して、「死漢の中に活底有り」。この修行者、死漢だとばかり思っていたが、なかなか生きた働きがでたぞ。

「一箇半箇」。一箇半箇でいいのだ。禅の真骨頂です。「鉄橛子《てっけつし》と一般《おなじ》。実地を踏著す」。大地を踏んでいるということですね。

「曰云く、若し別ならずんば、更に彼中《かしこ》に転じ去れ」。別でないのならば、ここで修行しても仕方がない。帰れ、帰れ、という。そうして「便ち打つ」。下語して、「灼然《あきらか》なり、正令当《まさ》に行わる」。叩いたり喝したり、これでいいのだ。これが禅の第一義だ。臨済が言う、一晩中語り合うなんていうことより、いかにスカッとするか。

「僧云く、棒頭に眼有り、草草に人を打つこと不得《なか》れ」。棒には棒の意味がありますぞ。使いこなす眼がなくてはなりませんぞ。そんなに簡単に人を叩いていいものですか。このようにここでは、抗議をしています。なかなか、剣の達人のような不動心ではないのです。下語して、「也《ま》た是れ這《こ》の作家《てだれ》にして始めて得《よ》し」。この打たれた修行者であって初めて、このような抗議をしていいのだということです。「却《かえ》って是れ獅子児なり」。そう抗議してこそ、獅子児だというのです。

「曰云く、今日、一箇《ひとり》を打著せり」。今日は一人、真っ当な修行者を打つことができた。「又た打つこと三下《みたび》す」。打たれる方はたまりませんね。下語して、「什麼《なん》の一箇《ひとり》とか説《い》わん、千《せん》箇万箇《にんまんにん》」。この修行者一人ではないぞ。千人万人でもきかないぞ。それが本来底です。「衆生本来仏なり」の、その本来底に目覚めればいいのです。修行したから届いたというわけではない、ともいえます。生まれたままで行ける世界であり、修行して悟ったから行けた世界というのでもない。禅が本当に大事にするのは、生まれてきたまま。そこをどう開いていくかだ。そこが分かれば、千人万人でも一箇半箇でもよい。

「僧便ち出で去る」。下語して、「元来《なんと》是れ屋裏の人、只《た》だ屈を受くることを得たり。只だ是れ機を見て作《な》す」。こんな語を圜悟禅師がつけていますね。

「曰云く、屈棒を元来《なんと》人の喫すること有る在《なり》」。めくら棒を甘んじて受けたものがいたぞ。下語して、「唖子《あし》、苦瓜《くか》を喫す」。口のきけない人が、苦い瓜を食べた。言葉は出ないけれども、顔で大いに苦さを表現しているのでしょう。「放去し又た収来す」。出て行こうとし、また帰ってきた。「点得せられて回り来たるとも、何の用を作《な》すにか堪《た》えん」。帰ってきたけれども、何ほどのことが出来るかな。

「僧、身を転じて云く、争奈《いかん》せん杓柄《しゃくへい》は和尚の手の裏《うち》に在り」。下語して、「依前として三百六十日なるも、却って是れ箇《こ》の伶俐《かしこ》き衲僧《のうそう》」。相変わらず同じことを言うのだろうけれども、しかしなかなか、帰ってきたところは何かありそうだぞ。

「曰云く、汝若《も》し要《ほっ》せば、山僧《それがし》は汝に回与《かえ》さん」。この棒が欲しければ、あんたに回してもいいぜ。すると、「知他《いったい》、阿誰《たれ》か是れ君、阿誰か是れ臣なる」。誰が主人で、誰が使われ人か。

「敢て虎口に身を横たう。忒煞《はなは》だ好悪《よしあし》を識らず」。こう下語しています。

「僧近前《ちかよ》って曰の手中の棒を奪い、曰を打つこと三下《みたび》す」。下語して、「也《ま》た是れ一箇《ひとり》の作家《てだれ》の禅客にして始めて得《よ》し。賓主互換、縦奪時に臨む」。

「臼云く、屈棒、屈棒」。めくら打ちじゃ、めくら打ちじゃ。下語して、「点。這《こ》の老漢什麼《なん》の死急をか著く」。そこだ。なにをムキになっているか。

「僧云く、人の喫すること有る在《なり》」。下語して、「呵呵《かか》。是れ幾箇《いくばく》の柄杓か却って這《こ》の僧の手の裏《うち》に在る」。

「臼云く、草草に箇《こ》の漢を打著す」。下語して、「両辺に落ちざるは、知他《いったい》是れ阿誰《たれ》なるぞ」。

「僧、便ち礼拝す」。下語して、「危うきに臨んで変ぜずして、方《はじ》めて是れ丈夫児」。

「臼云く、却って恁麼《さよう》にし去れり」。下語して、「点」。

「僧大笑して出《い》づ」。下語して、「作家《てだれ》の禅客、天然の在る有り。猛虎は清風の随うを須得《ま》ちて方《はじ》めて始を尽し終を尽すを知る。天下の人模索不著《さぐりあてられず》」。

「臼云く、恁麼を消得す、恁麼を消得す」。下語して、「惜しむべし放過することを。何ぞ劈《へき》脊《せき》に便ち棒せざる。走《に》げて什麼処《いずこ》にか到り去れりと将謂《おも》いしに」。

以上が本則です。伝統的な読みではなく、新しい読み方で挙げてみました。

「互換の機なり」

次に、本則の評唱が出ていますね。これも一応読んでみましょうか。

「僧、定州和尚の会裏《えり》より来たりて烏臼に到る。臼も亦た是れ作家《てだれ》なり。諸人若し這裏《ここ》に向《お》いて、此の二人の一出一入を識得せば、千箇万箇《せんにんまんにん》も只だ是れ一箇《ひとり》。主と作《な》ることも也《ま》た恁麼《さよう》、賓と作《な》ることも也た恁麼なり。二人畢竟合して一家《ひとつ》と成る。一期《いちご》の勘辨《かんべん》、賓主問答するに、始終作家なり」。どこを切っても素晴らしい働きが出てくる、ということでしょうか。

「看よ烏臼這《こ》の僧に問うて云く、定州の法道、這裏《ここ》と何似《いかん》。僧便ち云く、別ならずと。当時《そのとき》若し是れ烏臼にあらずんば、這《こ》の僧を奈何《いかん》ともし難からん」。他の者であれば、こんな出来物を相手にしきれなかっただろう。烏臼翁だからこそできたのだ。

「臼云く、若し別ならずんば、更に彼中《かしこ》に転じ去れと。便ち打つ。争奈《いかん》せん這《こ》の僧は是れ作家《てだれ》の漢なれば」。叩かれたけれども、この僧もなかなかの手練れだったので、「便ち云く、棒頭に眼有り、草草に人を打つこと不得《なか》れと」。

だから、剣の場合とは真逆ですね。剣の場合は出来物だからこそ、一言も抗弁しないで次の間に下がり、切腹の準備を始める。ところが禅の方はそれではだめなのだと言っているようですね。抗議していい、ということになりますね。

「臼一向《ひたすら》に令を行じて云く、今日、一箇《ひとり》を打著せり。又た打つこと三下《みたび》す。其の僧便ち出で去る。看よ彼の両箇《ふたり》転轆轆地《てんろくろくじ》、倶《とも》に是れ作家《てだれ》にして這《こ》の一事を了ずることを。須《すべか》らく緇素《くろしろ》を分ち休咎《よしあし》を別つ要《べ》し。這の僧出で去ると雖も、這の公案却って未だ了《おわ》らざる在《なり》。烏臼は始終他《かれ》の実処を験し、他《かれ》は如何《いかなる》かを看んと要《ほっ》す」。烏臼はこんなことを言いながら、修行者をじっと見ているのだ、というのです。どう出てくるか見ている。

「這《こ》の僧却って門を撑《ささ》え戸を拄《ささ》うるに似て、所以《ゆえ》に未だ他《かれ》を見得《みてと》れず。烏臼却って云く、屈棒を元来《なんと》人の喫すること有る在《なり》」。こんなめくら棒を甘んじて喫している男がいるぞ、と誘い水をぶっかけます。

「這の僧、身を転じ氣を吐かんと要《ほっ》して、却って他《かれ》と争わず」。そういわれた僧は、烏臼と争おうとせず、「軽軽《さらり》と転じて云く、争奈《いかん》せん、杓柄は和尚の手の裏《なか》に在りと」。さらっと受け流した。これも素晴らしいのですね。

「烏臼は是れ頂門に眼を具する底《てい》の宗師なれば、敢て猛虎の口の裏《なか》に身を横たえて云く、汝若し要《ほっ》せば、山僧は汝に回与《かえ》さんと」。これは杓柄を与えたことを言うのですね。

「這《こ》の漢は是れ箇《こ》の肘《わき》の下に符有る底《てい》の漢」。大神通力のある漢なのです。「所謂《いわゆる》義を見て為《せ》ざるは勇無きなり。更に擬議《ためら》わず、近前《ちかよ》って烏臼の手中の棒を奪い、臼を打つこと三下《みたび》す。

臼云く、屈棒、屈棒と」。めくら打ちじゃ、めくら打ちじゃ、と烏臼の方がいった。

「你且《さて》道、意作麼生《いかん》」。どんな氣持ちで言ったのか。「頭上《はじめ》に道《い》う、屈棒を元来《なんと》人の喫すること有る在《なり》。這《こ》の僧、他《かれ》を打つに到るに及んで、却って道う、屈棒、屈棒と。僧云く、人の喫すること有る在《なり》。臼云く、草草に箇《こ》の漢を打著す。頭上《はじめ》に道《い》う、草草に一箇を打著せりと。

末後《さいご》に自ら棒を喫するに到って、為什麼《なにゆえ》にか亦た道う、草草に箇《こ》の漢を打著すと。当時若《そのときも》し是れ這の僧卓朔地《たくさくじ》なるにあらずんば、也《ま》た他《かれ》を奈何《いかん》ともせじ。這《こ》の僧便ち礼拝す。這箇《こ》の礼拝、最も毒なり」。毒のある礼拝だ。「是れ好心ならず」。前則の金牛和尚の言葉でしたね。

お人好しの礼拝では決してないぞ。毒を持っている所作だぞ。

「若し是れ烏臼にあらずんば、也た他《かれ》を識破《みやぶ》れざらん。烏臼云く、却って恁麼《さよう》にし去れりと。其の僧、大笑して出づ。烏臼云く、恁麼を消得す、恁麼を消得すと。看よ他《か》の作家《てだれ》の相見、始終賓主分明にして、断《た》えて而も能く続くことを。其の実は也た只《ま》だ是れ互換の機なり。他《かれ》這裏《ここ》に到って、亦た箇の互換の処有りと道《い》わず。自是《もと》より他《か》の古人は情塵意想を絶す。彼此《いずれ》の作家も亦た得有り失有りと道《い》わず。是れ一期《いちご》の間の語言なりと雖も、両箇活鱍鱍地《ふたりかっぱっぱっち》にして、都《とも》に血脈針線有り。若《も》し能く此に於て見得《みてと》らば、亦乃《すなわ》ち十二時中に歴歴分明ならん。其の僧便ち出づるは、是れ双放、已下は是れ双収、之を互換と謂《い》うなり。雪竇正《まさ》に恁麼《さよう》地に頌出す」。

愚の如く魯の如く

そこで、この雪竇の頌になります。

「呼ぶは即ち易《やす》く、遣《や》るは即ち難《かた》し」。蛇遣いのコツだそうですが、呼び出すときは慎重にやるわけですね。それなりに氣を配っているので、うまく呼び出せますが、仕事が終わって元の檻に返すときは、氣が緩んで嚙まれてしまったりする。そういう一つの事実をここに持ち出しているのです。

「互換の機鋒子細に看よ」。互換は難しいのだというのです。あるときは呼び出し、あるときは返す。この両方をうまくやらなくてはいけないけれども、互換は難しい。それを得意とするのは臨済禅師です。臨済録はまさに互換の氣宇に満ち満ちている。だから読んでいて、とても氣持ちがいいわけです。

「劫石《こうせき》は固くし来たるも猶お壊《え》すべし」、劫石はどんなに固くても壊れるときが来る。「滄溟《そうめい》深き処も立ちどころに須らく乾《かわ》くべし」。大海原の水がどんなに深いところも、たちどころに乾く。形あるものは壊れる、というわけですね。目に見えるものは、いつかなくなる。目に見えないものを問題にしているのです。

「烏臼老、烏臼老、幾何般《いくばく》ぞ」。烏臼老を烏臼老にしているもの、烏臼老のような人物は何人いるかな。「他《かれ》に杓柄を与うること太《はなは》だ無端なり」。無造作に杓柄を渡してしまった。それゆえにかえって叩かれた。なんとも、はしたない、こんなばかげたことをやることができる男が、この世に何人いるだろうか。常識では考えられぬやり方を為した烏臼翁を、雪竇はべた褒めしているのです。

「愚の如く、魯の如く」という禅の言葉があります。しかし、白隠はそれをよしとしませんでしたね。白隠は激しい人ですから、「愚の如く、魯の如く」ではだめだとした。しかし、これも大変味があるわけです。ここまでばかになって初めて、本当のことができる。本当のことが現前するといえるのではないでしょうか。

公案を生きる

では、最後に垂示を読んでみます。

「垂示に云く、霊鋒の宝剣、常に現前に露《あらわ》る。亦た能く人を殺し、亦た能く人を活《いか》す。彼《かしこ》に在り此《ここ》に在り、同《とも》に得同《とも》に失う。若し提持せんと要《ほっ》せば、一《ひとえ》に提持するに任《まか》す。若し平展せんと要せば、一に平展するに任す。且道《さて》、賓主《ひんじゅ》に落ちず、回互《えご》に拘《かかわ》らざる時は如何。試みに挙し看ん」。

これをまさにやっていますね。賓主に落ちない。そして、回互に拘らざるところを、この二人の問答はしているのです。だから、ひとつの素晴らしいものができあがっているのです。やはり臨済録に賓主互換の話がありますが、非常に近いものですね。

武蔵の不動心の説明と比較しながら言えると思うことですが、禅の公案体系は宋時代の禅の達人たちが創りました。当時の達人たちが最も素晴らしい禅者と仰いだ、馬祖を中心とした唐時代の人々のありようというものを、しっかりと見つめ創り上げたのが公案体系でした。どうしたら、あのような素晴らしい人物ができるのか、その一つの答えとして創り出したのが、公案体系だと思うのです。

その公案体系を三つにすれば、理致、機関、向上。三つで言い尽くすのですから、これほど素晴らしいことはないと思います。八正道といったら、八つありますからね。そうすると、なかなか大変です。三つならば、なんとかやっていけると思うのです。私たちがいる場はどこでしょうか。人間は基本的にどこにいるのでしょう。機関ですね。これに対し、理致は仏の立場。私たちは機関という現実を生きています。そしていろんな問題に朝から晩まで悩まされている。もしここに、仏が現れたら、どのようにこの問題を解決してくれるだろうか、というのが禅でいう機関の公案です。ですから、機関の現場に仏を呼び込み、仏と共に四苦八苦するというのが、機関の公案だと思うのです。

機関というのは、禅にかぎらず、それぞれ道という名の付く限り、各人が必死に極めようとした世界だと思います。宮本武蔵の不動心もその一つでしょう。柳生の言葉で言えば、また別の「巌の身」などになるでしょうか。それぞれの人なりに、必死三昧になって求めた世界が機関には詰まっていると思うのです。

ところが、禅の禅たる所以は、向上にあるというのが大事なところです。機関の奥にもう一つ、向上の世界があるというところです。禅の世界に近づいた我々は、なんとしても向上という世界を見て取りたいと思えてなりません。

不動心にかえりますと、切腹を命じられた弟子は一言も反論せずにその準備にすぐ取りかかった。まことに素晴らしいことですが、禅の方ではそれではだめだと言います。それでは足りない、というのが禅の立場だと思います。

ではなぜそんなことが言えるのか。向上の世界を持っているからこそ言えるのです。その世界でこそ、真価が発揮できるからです。「ちょっと待ってください、どうして私は腹を切らなければならないのですか」。そう聞けるのは、向上の世界を持っているからです。それが、たとえば公案で言うならば、「牛過窓櫺《ぎゅうかそうれい》」というのがあります。そこなどは、まさしくそれです。

もっと近いところで言えば、釈迦の話の中にありますね。最晩年に、「阿難よ、背が痛む」、なんてことも出てくる。それでも、釈迦は涅槃に入ろうとなさらなかった。どうしてか。もう説くところはすべて説いたのではありませんか、というお弟子さんもいたと思いますが、釈迦はそれをよしとしなかった。なぜかといえば、からだを使い尽くして初めて死ねる、というのが釈迦の氣持ちだったからのようです。『ブッダ最後の旅』でしたか、そこには、そのようなことが書いてありますね。自分のからだを使い切ったとき、初めて涅槃に入れるのだ。自分勝手には涅槃に入れないのだ、というのが釈迦の心だったのです。このようなことを私たちは溝口史郎先生から懇切丁寧に教えていただきました。

　使い切るためには、どうしても禅の場合は向上の世界が必要です。向上の世界を見て取って、初めて、自分のからだを使い切るということがどういうことか、はっきりする。師匠に命ぜられて一言も抗弁せずに切腹することには、肯んずることができない。なぜなら、自分にはしなくてはならないことがあるからだ、ということでしょう。それをするには、命が必要だ。命があって初めてできるわけですね。

　仏壇に水一つ差し上げるのも、生きているからできる。仏さんにはできません。我々はどんな凡夫でも、先祖に水一杯を差し上げられる。それは生きているからです。そういう意味で、この生身のからだを使い切るまでは、生ききる。そういうところが、他の道を求める人たちのものとは違うところであろうと思います。

　そのときに、どんな状態が生まれてくるかというと、そこに自然という面が出てくるのではないかと思います。「しぜん」でなく「じねん」と読みます。自然というのは、自分だけでは出ませんね。自分に何か大きな力が働いて初めて、自然という感じが出てくるのだと思うのです。その自然の力に乗っかっていくというのが、自然法爾という本来の意味だと思います。

その自然というものをしっかり見て取っていただくための、もっとも優れた素材、材料というものが公案だと思います。約十世紀、千年の間、公案というのを禅の人々は見てきたのですから、どんな思いがそこにたたき込まれているか。たとえば、皆さんが他の力など借りず、自分一人で難問を切り抜けたときに、何かそこに感じるものがあったはずです。一つの空に開けた。だから乗り越えられた。そこにどんな用きがはたらいたか確かめるには、公案を見ることとです。そこにつなげればいいだけの話です。こういうことだったのか、こういうことで、単なる自分の力だけではない、妙なる力が私に働きかけたのだと見て取り、頷くことができれば、それで話は済むようなことでもあると思うのです。

正念相続ということ

そういう立場を鮮明にした方が盤珪禅師だと思います。江戸時代、たくさん素晴らしい人が出ましたが、大ざっぱに言えば、前期には盤珪、中期に白隠、後期に慈雲だと思います。盤珪が一番古いですね。白隠とは同じ時代の空氣を吸っていますが、二人はお会いになってはいない。白隠は盤珪のやり方を罵りますが、会っていれば、また違った接し方があったでしょう。最も自然を強調したのは盤珪だと思います。ですから、盤珪の禅が一番わかりやすい禅となって、私たちの目の前にあるといえるでしょう。白隠の禅はきつすぎるというようなこともあるでしょう。それはそれで白隠の素晴らしいところでしょうけれども。

白隠は、師匠の正受老人との二人で、一つの禅を創り上げたと言えるでしょう。それはここにもでてきた、「霊鋒の宝剣、常に現前に露《あらわ》る」です。それを圜悟は垂示の最初に使っています。常に現れていなくてはいけないのですね。正念相続ということです。それが一番難しい。正念決定《けつじょう》というのはまだ易しい。決定したものを正念相続して生き抜くことが最も難しいことです。

だから盤珪は思ったでしょう。一番難しい正念相続の方に各自が自分の命をぶつけてくれと。正念決定の方は、わしが言うことを信じてくれればいいのだ。わしのような修行をしなくてもいいのだ。それが盤珪禅師のお心でしょう。盤珪は腕白でしょうがなかったのですが、修行によって体を壊しています。そこまで修行しなくてもいい、わしの言うことを信じてくれればいいから、残る力を全て正念相続にかけてほしい、と思ったのでしょう。

これがまた、白隠の師匠である正受老人が口を極めて主張したことですね。正受老人も二十歳になる前にしっかりした見性をしています。二階から転がり落ちて見性したのです。しかし、正念相続できるようになったのは、その後四十年ほどしてだったと、自らいいます。六十代にして初めて、少しは正念相続できるようになったと覚ゆ、としています。これは正受老人のすごさです。狼の出没するところに坐り込んで、狼に息を吹きかけられても坐り通したのですから。まさに、武蔵の弟子の不動心。同じことをしているのです。これが正念相続ですね。そこに自分の力のすべてを傾けてほしい、というのです。決して、弱い心ではないのです。

「顛倒」というのはひっくり返すことですが、それによって、「たくさんの絶対」ができていく。それが一つの真実だと思います。絶対は一つではない。それは鈴木大拙が言ってきたことですね。なんとたくさんの絶対があることよ、と。一つではないのです。ひっくり返すことで、たくさんの絶対を創り出してきたのが禅だと思うのです。ですから、ここにこれだけの人がいれば、一人一人が絶対を創り出す。それが言えなくてはならない。そういう絶対こそが、本当の絶対だといえるでしょう。一律にこういうものだ、というのが絶対ではなくて、一人一人が自分なりの絶対を生み出していく。そういう絶対であってこそ、本当の絶対だと思われてなりません。

碧巌録もおかげさまであともう一冊で百則まで行くことになりました。恥ずかしさの極みですけれども、己事究明と言いますから、やはり、自分のことが問題になります。自分のことを問題にしない禅の話はありえないので、そういうことになりますが。

その一冊の内で、一つのことを言挙げしたいと思っています。それを書かせていただき、見ていただいて、今度は皆さんのそれを、ぜひ聞かせていただきたいと思っているのです。そうすることによって、なんとたくさんの絶対のあることよ、という、本当に賑やかな世界が生まれてくると思います。

禅だけでなく、俳句も芸術もいい。そういう世界が生まれていくと思います。例えば、古い時代かもしれませんが、私らがわからなくても読んだものに、ロマン・ロランの本がありました。彼はベートーベンに勇氣づけられたと言っていますね。自分の一生を生きていく上で、ベートーベンの音楽に本当に勇氣づけられたそうです。そのように、なんと多くの絶対があることよ。そういう世界が生まれていくに違いないと、最近感じているのです。

結局、私たちは「人間」であるところで、そういうことが出来てくるのだと思います。人間として同じだというところから、それをいっそう織り込んでいく。そういうことの上に、公案というのはよく工夫されているのではないかと思います。

今度出る本に書きますが、青木宏之という新体道・武道の達人が褒めてくれていることがあります。禅は矛盾に満ちた公案を作ってくれている、というのです。なぜそれが良いかというと、それくらいこの世の中は奇々怪々だというのです。新しい問題が次々出てくる。その現実に対処できるように、矛盾に満ちた公案が残されているのだ。そこが臨済禅のいいところだと言ってくれています。結局、そのように思えてならないのです。

私たちは何か、勘違いしているところもありますね。どうでもいいようなことを、後生大事に追い求めているところが逆にあるのではないか。そういうところも大いに、我々は氣をつけなければならないと思います。一言で言えば、極端に言えば、苦労が大事なのですね。若いときの苦労は買ってでもせよ、といいますが、その苦労が私たちを創ると思うのです。公案の回答ではなく、苦しむこと。そいつが我々を創るのです。公案に限らず、苦しむことが我々を創る。ですから、苦しみを通り抜けたときには、何が起こったのか。大事なことは別のところにあった、となるかもしれません。こういうことだったと、はっきりうなずける世界が開けていくのではないか、と思えてならないのです。どこまで迫れるか、わかりませんが。

丹霞、僧に問う――第七六則「丹霞問甚処来」

【垂示】垂示に云く、細かきことは米末《こめのこな》の如く、冷たきことは氷霜に似たり。乾坤《てんち》に逼塞《ひっそく》して、明を離れ暗を絶す。低低の処も之を観れば餘り有り、高高の処も之を平ぐれば足らず。把住《はじゅう》と放行《ほうぎょう》と、総《すべ》て這《こ》の裏許《うち》に在り。還《は》た出身の処有り也《や》無。試みに挙《こ》し看ん。

【本則】挙す。丹霞《たんか》、僧に問う、「甚処《いずこ》よりか来たる」。僧云く、「山の下《ふもと》より来たる」。霞云く、「飯を喫し了る也《や》未」。僧云く、「飯を喫し了れり」。霞云く、「飯を将《も》ち来たりて汝に喫せしめし底《てい》の人、還《は》た眼を具せしや」。僧、語無し。

長慶《ちょうけい》、保福《ほふく》に問う、「飯を人に喫せしむるは、恩《ぶつおん》に報ゆるに分有り。為什麼《なにゆえ》にか眼を具せざる」。福云く、「施す者と受く者と、二《ふた》り倶《とも》に瞎漢《かつかん》なり」。長慶云く、「其の機を尽し来たるに、還《はかつ》た瞎と成る否《や》」。福云く、「我は瞎す、と道《い》いて得《よろ》しきや」。

【頌】機を尽さば瞎《かつ》と成らずと、牛の頭を按《おさ》えて草を喫せしむ。四七二三の諸祖師、宝器を持ち来たりて過咎《とが》を成す。過咎深く、尋ぬるに処無し。天上人間《じんかん》同じく陸沈す。

理致の世界――垂示

圜悟禅師の垂示です。公案体系から言いますと、垂示は一番若い圜悟禅師が受け持っているのですが、理致の世界を述べていると思います。垂示は仏の世界を述べている。それに対して本則は一番元となる事実が描かれています。歴史から言えば一番古い。これが機関を受け持っている。最後に出てくる雪竇の頌は向上の世界を謳っているのだといえるでしょう。

垂示は、理致の世界、仏のありようを述べている世界ですが、ここはどのようにおさえたらいいのでしょうか。難しいところはありますか。何が一番大事なところでしょうか。仏のありよう、人間世界を出たところを述べていると思いますが、どのように描かれているでしょうか。それを思いながら読んでみてください。

「垂示に云く、細かきことは米末《こめのこな》の如く、冷たきことは氷霜に似たり」。ここはどうでしょう。少し進みましょう。「乾坤《てんち》に逼塞《ひっそく》して、明を離れ暗を絶す」。よく明暗双々と言いますね。これは私たちの現実の世の中のありようをいいますが、ここではまさに明を離れ暗を絶している。我々の世の中を離れているわけですね。しかも、天地一杯に詰まっているというのです。このように、仏のありようを言っています。

「低低の処も之を観れば餘り有り」。低いところですから、私たちが直に見ることができるようなところも、見切れない。手元脚下《あしもと》にもわんさとあるけれども、我々の眼では見きれないところがあるぞ。全部見て取れるわけではないぞ。

「高高の処も之を平ぐれば足らず」。高い高いところにあるもの、仰ぎ見なくてはならないようなところのものも、引き寄せてならして、我々の身近なものにしてみると、何か足りないものがある。仏の世界は人間世界とは違うものがある、といっているようにも思えますね。

「把住《はじゅう》と放行《ほうぎょう》と、総《すべ》て這《こ》の裏《うち》許に在り」。把住も放行もここにある。あるときは把住となって出て行き、あるときは放行となって出て行くのだ、という感じですね。

「還《は》た出身の処有り也《や》無。試みに挙《こ》し看ん」。注記によると、「出身」は「超出、解脱の境地」とありますね。どんなでしょう。まあ、本則へ行ってみましょう。

「我を睹すと道い得んや」

本則です。「挙す。丹霞《たんか》、僧に問う、甚処《いずこ》よりか来たる」。丹霞天然がこの則の主人公です。この方の師匠は誰でしょうか。石頭希遷ですね。馬祖と並び称された、真金舗といわれた石頭です。丹霞和尚は奇行といってもいいことをする、仏像を焼いて暖を取ったりする人ですから、意外ですね。その丹霞和尚が、修行僧が道場を訪ねてきたときに問うたということです。どこから来たね、と。

「僧云く、山の下《ふもと》より来たる」。この答えはどうでしょうか。何とも言えませんね。いい感じもしますね。圜悟の下語にも、「言中に響有り」と。言葉の中に何とも言えない響きが感じられるぞ。

それを聞いて「霞云く、飯を喫し了る也未《や》」。変わり者の丹霞和尚は、何を聞いたか。飯は食べてきたか、と聞きます。それに対して、すぐ圜悟禅師は下語して、「第一杓の悪水澆《そそ》ぐ」。柄杓一杯の泥水をぶっかけたぞ。「飯を喫し了る也未」というのはまさに、金牛和尚の七四則の言葉で言えば、「是れ好心ならず」ですね。飯を食べてきたか、というのはお人好しの言葉でなく、毒のある言葉だぞ。

それに対して、「僧云く、飯を喫し了れり」。ストレートに答えました。はい、しっかりと食べ終わりました。飯にかこつけて何をいっているのでしょうか。己事究明というところ、見性を「飯を喫する」ということで表しているのです。修行僧は「飯を喫し了れり」ですから、見性などだいぶ前にしっかりといたしました、と答えているといわざるを得ませんね。すると「霞云く、飯を将《も》ち来たりて汝に喫せしめし底《てい》の人、還《は》た眼を具せしや」。あんたに飯を与えた者は、しっかりした眼を持った者なのかな、と尋ねたのですね。あんたの師匠は大丈夫かな、という感じですね。

そうすると、今度は「僧、語無し」。僧は言葉がなかった。最初の問いにははっきりと、真っ向から「飯を喫し了れり」といったのに、あんたに飯を与えたのははっきりした眼を持った人物か、ともう一度尋ねられると、何も答えが出なかった。それはどういうことか。前半はこれで終わりです。

今度は長慶と保福の問答に変わります。長慶と保福に飯を与えたのは誰でしょうか。眼を開いた師匠は誰でしょう。雪峰義存です。中国第一の宗匠（師家）といわれた人です。臨済、趙州がいた時代を含めて、第一の教育者だといわれたのが雪峰です。

「長慶《ちょうけい》、保福《ほふく》に問う、飯を人に喫せしむるは、恩《ぶつおん》に報ゆるに分有り」。長慶が保福に問うた。保福の方が年上だとあります。年下の長慶が、兄弟子の保福に尋ねた。飯を人に喫せしむるのは、すばらしいことだ。それなのに「為什麼《なにゆえ》にか眼を具せざる」。どうして眼を具していないなどということがありえましょうか。

通説になっていることですが、長慶はいろんな問答に出てきて、いつも真面目、生一本な発言をする。それに対して保福和尚は、のらりくらりとして、つかみきれないところをお持ちです。

続けましょう。そう問われて「福云く、施す者と受く者と、二《ふた》り倶《とも》に瞎漢《かつかん》なり」。師匠も弟子も、二人ともにめくらなのだ、と答えます。

すると「長慶云く、其の機を尽し来たるに、還《は》た瞎《かつ》と成る否《や》」。もう一度聞くのです。その働き、飯を人に喫せしむる働きは、十分に値打ちのあることです。その働きを尽くしきったのに、めくらになってしまうのですか、という感じですね。

それに対して「福云く、我は瞎す、と道《い》いて得《よろ》しきや」。これはどう訳せばいいでしょうか。昔の読み方ですと、どうなるでしょうか。「我を瞎すと道い得んや」。しかし岩波文庫版は「我は瞎す、と道《い》いて得《よろ》しきや」。だいぶニュアンスがかわってきますね。

保福は弟弟子の質問に対して、おまえはわしをめくらだとでもいうのか、という感じです。しかしそのニュアンスが、出ているでしょうか。ピンときません。どうでしょうか。最後の問いとして残しておきましょう。

「碧巌録中の疵物」か

ここで、ちょっと話題を変えてみましょう。三つの句を書きますから、考えてみてください。これは、三島の龍澤僧堂の、中川宋淵老師が作られた歌だと思います。こういうことを三島の龍澤僧堂では師匠が弟子に指導しているのです。直によく話されたということですが。今の話と関係があります。

人の田へ追ってやりたや群ら雀
人の田も追ってやりたや群ら雀
人の田は追ってやりたや群ら雀

ご存知のように、中川宋淵老師は俳句の人でもあります。「てにをは」一つで、ガラッと内容が変わることを仕事とした人です。ここでは、「へ」、「も」、「は」が違うわけです。どれが理致で、どれが機関で、どれが向上でしょうか。

わたしは、最初のが機関だと思いました。真ん中が理致で、最後のが向上。第一句目は、自分の田んぼに雀が集まっているわけですね。自分の田んぼから人の田の方へ追い払いたいという、自分中心の世界を詠んだのではないか。二番目は「人の田も」ですから、自分の田んぼに群がっているのではないので、放っておいてもいいようなものですが、自分の田に群がったときに他の田へと思ったのと同じような心の働きがあるわけですね。人の田に群がっているけれども、やはり追い払いたい。自分だけよければいいのではない、という働きが始まっているのが真ん中ではないか。第三句目、ここが一番大事だと思います。一つの世界が出ていると思うのですが。

そこで、ちょっとやってみましょう。秋月龍珉先生は『一日一禅』の中で、この則を「施者受者　二倶瞎漢」という題で取り上げ、このような批判をしています。読んでみます。「丹霞和尚が僧にたずねた、『どこから来たか』。僧は答えた、『山の下から参りました』。丹霞、『お斎《とき》はいただいたか』。僧、『はい、いただきました』。丹霞、『お前のような鈍物に、御飯を持ってきて供養してくださるお方は、おそらくは悟りの眼をもたない者だろう』。それから百年あまりすぎて、長慶と同参の保福とが、これについて論じた。長慶、『お斎を人に供養することは、仏恩《ぶっとん》を報ずる分がある。どうして悟りの眼をもたぬことがあろうか』。

保福、『食を施した者も受けた者も、二人とも何も見えておらん』。長慶、『みずからの機を尽くして布施行をしておるのに、なんで何も見えておらんというのだ』。保福、『私を見えていないというのか。わしは悟りの眼をもたない者ではないぞ』。どうも二人ともぱっとしない。古来、ここの長慶・保福の問答は『碧巌録』中の疵物《きずもの》とされている」。

これはどのように受け取ったらいいでしょう。この二人の問答は芳しくないというのです。碧巌録中の疵物だというのです。私たちはそれにどう対処したらいいのでしょうか。

この会の方々にはどうでしょうか。前にも「顚倒」という言葉を出していますね。ひっくり返す。疵物でも何でも、そんなものは意としない。それが大事なことだと思います。そんなものは氣にせずに読めばいいと思うのです。疵物でなくすればいいのですね。こう取れば決して疵物にならないぞ、という解釈を作り出せばいいのです。それができるかどうかにかかっています。それができることを、自由というのではないでしょうか。

禅者の最終目的は自由自在。その世界に出て行くことにある、というのならば、人の問答に捉われず、どのような問題でも受け止めて、たとえこういうふうであるにしても、こういうところから、こういう世界が開けてきました、ということを示せば、それで事足りると思うのです。

その一つの例として、伝統的解釈の中で、天龍寺の平田精耕老師がされているような解釈を、知っておいていただきたいと思います。それは、三輪空寂という世界です。三輪、三つの輪です。施者、受者という言葉が出てきましたけれども、施者、受者、もう一つは施物、これが三輪です。三輪空寂ですから、この三つの輪が空だというのですね。六波羅蜜は布施で始まります。施す人、それを受ける者、そして施者から受者へ渡される施物。それが三つとも空だというところに、平田老師は目をつけたのです。これが大事だといいます。

いままで、めくらという言葉がでてきました。差別語とされていますが、その響きから、めくらは悪いことだとなりますが、空寂、何もないのが空ですから、空を本当に知るためには、めくらにならなければならない。めくらになるのは悪いことではない、めくらになって初めて空寂ということが腹の底から理解されるのだ、という考え方です。

そこへ導こうと、先輩の保福は一生懸命やっている。ところがきまじめな弟子の長慶は、優等生のような答えを示して、めくらにこだわっている。そういう二人の問答だとなるわけです。なにも、平田老師の取り方だけではなく、いろんな取り方ができるでしょう。

人の取り方はそれとして、自分はどう捉えるかが大事です。それに尽きます。そこから新しい解釈の世界、禅問答の世界を開いていけば、問題は解決してしまう。絶対というのは一つでなく、たくさんあっていいのです。周りの人にも「実にそうだ、そうでなければ嘘だ」

と言ってもらえればいいのですから、そこを我々は狙うべきだと思います。

「機を尽さば瞎と成らず」

それでは、頌を見てみます。

「機を尽さば瞎《かつ》と成らずと」。この機は活機の機。これを尽くしていくのだから、めくらになろうはずはない。「機を尽さば瞎《かつ》と成らず」。これが大事ですね。これもひっくり返しています。平田老師は、瞎は悪いことではないということでした。平田老師の『一切は空』という般若心経のご本が、昔大変売れましたね。だから、般若心経なら平田さんといわれたこともあります。松原泰道さんの般若心経のご本も有名でした。平田老師は保福和尚の肩を持つわけですけれども、雪竇はそうではないのですね。「機を尽さば瞎《かつ》と成らず」とは、瞎より活機の方が大事だ、とひっくり返しているのです。

「牛の頭を按《おさ》えて草を喫せしむ」。これには、こういう話があるのです。ある長者が非常にかわいがっていた子が、急に亡くなってしまった。長者はその子を忘れられずに、毎日毎日、豪勢な食事を用意して子どもに捧げ、悲しんでいたのです。あるとき、一人の童子が牛を連れて長者の家の前を通りかかる。そのときどうしたことか、牛が急に死んでしまうのです。

すると童子は、その牛に食事を与えて生き返らせようとするのですが、生き返らない。それでも童子はあきらめないで、執拗に食べろ、食べろと草をむしってきては牛の鼻先に持って行く。それを見て長者が笑うのです。おまえ、牛は死んだのだ。死んだ牛がものを食べるか。すると、童子が長者に言い返すんですね。この牛はいま死んだばかりです。長者の息子さんは、ずっと前に亡くなったんでしょう。それを、豪勢な食事を用意して毎日捧げて食べてくれないなどと、いつまで悲しんでいるのですか。こういう話ですが、その童子こそが亡くなった長者の子どもだというのです。毎日、長者が悲しんでいるのを見て、天から現れてきて一芝居打ったというのですね。

「四七二三の諸祖師」。四七はインドの如来禅の祖師方ですね。第一祖、摩訶迦葉尊者から、九九算の四×七＝二八で、二十八代目の達磨まで、そして二三というのは、二×三＝六で、六人の祖師方。達磨に始まり、第六祖慧能大師までの祖師方を指します。

「宝器を持ち来たりて過咎《とが》を成す」。仏法を伝えるなどという余計なことをしてくれた。祖師方が、仏法を伝えようと、まことに余計なことをしてくれた。「過咎深く、尋ぬるに処無し」。その咎の深さは探り当てる方法もないくらいだ。

「天上人間《じんかん》同じく陸沈す」。天上も、人間界の人々も、つまり仏法を聞く耳を持つはずの天上界の天人も人間界の人々も、全部が陸の上に沈む。そんな沈むはずがないのですが、陸の上に生活していながら、底深く沈んでしまって人っ子一人見あたらない。結局、何もできないまま、虚しく一生を終わってしまう。

神戸市長田区に宝満寺という禅寺がありますね。昔は禅宗ではなかったのかもしれませんが、そこに一遍上人が来られて問答があったといわれ、有名な歌があります。

「となうれば我も仏もなかりけり　南無阿弥陀仏の声のみぞして」

このように一遍上人が詠われた。けれどそれを、中国で修行して帰ってきたばかりの法灯国師は肯じなかった。そこで一遍上人はさらに工夫研鑽して、また改めて国師のところへ行って、こう提示したそうです。

「となうれば我も仏もなかりけり　南無阿弥陀仏なむあみだぶつ」

そうしたら、よし、と言われたと。これでいいのだということですね。

それを、至道無難禅師が別の見方をするのです。ひっくり返すのです。至道無難禅師はどのように作り替えたか。この方は正受老人の師匠です。「となえねば」です。「となえねば」なので「南無阿弥陀仏なむあみだぶつ」とは行けなくなってしまうのです。「となえねば我も仏もなかりけり」。唱えないのだから、我も仏もないだろうというのです。ここからが禅師の真骨頂です。「それこそそれよ南無阿弥陀仏」。こうやるのですね。

「となえねば我も仏もなかりけり　それこそそれよ南無阿弥陀仏」

これが一つです。さらに、先ほど挙げた三島の龍澤寺の中川宋淵老師はこれをいじります。前半は同じです、「となえねば我も仏もなかりけり」。後半が違います。「それそのものが南無阿弥陀仏」。「それそのものが」と変えるわけです。

「となえねば我も仏もなかりけり　それそのものが南無阿弥陀仏」

これを単なる言葉遊びと捉えるか、それとも一字に込められた意味の深さ、意味の重さとして取り上げられるかどうかが問われるところでしょう。

ひとつの宿題

そこで、一つの宿題を出します。考えてきてください。どちらがいいかですね。

中川宋淵老師が一つの歌を作りまして、それを十年間唱え続けて一字を変えたそうです。その一字は何か。

宋淵老師は俳句の人ですが、これは和歌です。「生れましし」。これを「あれましし」と読みます。現れてきたとかけて読むのでしょうか。

「生《あ》れましし　菩薩の山の　豊明《とよあかり》　我にあらざる　我と舞わなむ」

菩薩の山の豊明の中に現れ出でた者は、何もないのではない。生まれてきた我ではない、我と舞わなむ。こういう歌を宋淵老師は作ったそうです。どこが変わったのでしょうか。そこを工夫してみてください。

不立文字、言葉では表せないのですが、けれども文字などどうでもいい、というのとは違うと思います。文字で表しきれないのが事実だとしても、それを越えての大事がある。それをいったい、どこに見たらいいのか。それをこの宿題と一緒に考えていただきたいと思います。

そして、まさにそこでこそ、禅に向上の世界があるということのありがたさを、しっかりと受け止めることができると思っているのです。

如何なるか是れ超仏越祖の談――第七七則「雲門答餬餅」

【垂示】垂示に云く、向上《うえ》に転じ去《ゆ》かば、以て天下の人の鼻孔を穿つべし。鶻《はやぶさ》の鳩を捉《とら》うるが似《ごと》し。向下《した》に転じ去《ゆ》かば、自己の鼻孔は別人の手の裏《うち》に在り。亀の殻《こうら》に蔵《かく》るるが如し。箇中《ここ》に忽《も》し箇《ひとり》の出で来たりて、「本来向上も向下も無し、転ずるを用《もっ》て什麽《なに》か作《せ》ん」と道《い》うもの有らば、只だ伊《かれ》に道《い》わん、「我も也《ま》た知る、你が鬼窟裏に活計《くらし》を作《な》せるを」と。且道《さて》、作麽生《いかに》か箇《こ》の緇素《くろしろ》を辨ぜん。良久《しばらく》して云く、「条有れば条に攀《よ》り、条無ければ例に攀《よ》る」と。試みに挙し看ん。

【本則】挙す。僧、雲門に問う、「如何《いか》なるか是れ超仏越祖《ちょうぶつおっそ》の談」。門云く、「餬餅《こびょう》」。

【頌】超談の禅客問うこと偏《ひとえ》に多し、縫罅《ほうか》披離《ひり》たるを見るや。餬餅《こびょう》塑来《つめこ》みて猶お住《や》めず、今に至るも天下に誵訛《ごうか》有り。

向上と向下

今日は素直に、垂示から読んでみます。どんなことが問題になっているのか、見てみましょう。垂示は大変難しいですね。まず、基本的なところから見ていきましょう。「垂示に云く、向上《うえ》に転じ去《ゆ》かば、以て天下の人の鼻孔を穿つべし。鶻《はやぶさ》の鳩を捉《とら》うるが似《ごと》し。向下《した》に転じ去《ゆ》かば、自己の鼻孔は別人の手の裏《うち》に在り」。この場合の「向上」、「向下」はどのように読み取ればいいでしょうか。「上に菩提を求むるは、下に衆生を化せんがためなり」という言葉があります。そういう意味で向上、向下を取ってください。上に悟りを求めることだけが問題ではない、それは下に衆生を救うためだ。そのように上、下を取ってみてください。

そうしますと、上に行くと言うことについては、どんな生き方になるか。「以て天下の人の鼻孔を穿つべし」、天下の人の鼻の穴をも塞いでしまう。お山の大将我一人、というのが天下の人ですね。そういう人の鼻の穴を塞いでしまう、ということになりますね。「鶻《はやぶさ》の鳩を捉《とら》うるが似《ごと》し」。はやぶさが鳩を捕まえるようなもの、つまり、なんの造作もなく天下の人の鼻をひっつかんでしまう。

「向下《した》に転じ去《ゆ》かば」、ところが衆生済度ということで、身を転じて衆生の方へ向かうときは、「自己の鼻孔は別人の手の裏《うち》に在り」。今度は逆に、自分自身の鼻の穴が、別の人の手に委ねられる。「亀の殻《こうら》に蔵《かく》るるが如し」。そこではまるで、亀がすべて甲羅の中に体を引っ込めてしまうようなものだ。

この「亀の殻《こうら》に蔵《かく》るるが如し」というのは、以前の則にもありましたね。そう、第七五則の本則「烏臼、法道を問う」のところですね。振り返ってみましょう。

「挙す。僧、定州《じょうしゅう》和尚の会裏《えり》より来たりて烏臼《うきゅう》に到る」。定州和尚については取りようがいろいろあるようですが、それは置いておいて、烏臼和尚のところへやってきた僧侶がいた。烏臼和尚は馬祖の弟子で、大変優れたお人だと言われています。そのお師家さんが、定州の法道はこのあり方と比べてどうか、と質問します。「烏臼問う、定州の法道、這裏《ここ》と何似《いかん》」。

そうすると、「僧云く、別ならず」。別ではありませんと答えたのですね。「臼云く、若し別ならずんば、更に彼中《かしこ》に転じ去れ」。それをきいて、別でないのならば、さっさと帰りなさいといって、「便ち打つ」。棒で一発見舞った。

するとと僧は抗議します。「僧云く、棒頭に眼有り、草草に人を打つこと不得《なか》れ」。棒を打つからには、それなりの眼が必要ですぞ。そう簡単に人を打つものではないと思いますが、というのです。

「臼云く、今日、一箇《ひとり》を打著せり」。一箇は相手を肯定しています。今日は打ちがいのあるやつに一発見舞ってやった。そう言って、「又た打つこと三下《みたび》す」。今度は三度叩いた。

「僧便ち出で去る」。すると僧はさっと、その場を立ち去ろうとする。そのとき、烏臼和尚が余計なことを言います。「臼云く、屈棒を元来《なんと》人の喫すること有る在《なり》」。屈棒ですから、いわれのないめくら棒を、なんと甘んじて打たれて帰って行くやつがあるわい。

そういわれて「僧、身を転じて云く、争奈《いかん》せん杓柄《しゃくへい》は和尚の手の裏《うち》に在り」。なんといっても、棒は和尚がお持ちですから、というのです。だからどうしようもありません。

すると「臼云く、汝若《も》し要《ほっ》せば、山僧《それがし》は汝に回与《かえ》さん」。ここですね。もし、わしが持っているこの棒が欲しければ、お前に回すぞ。こう言う。

「僧近前《ちかよ》って臼の手中の棒を奪い、臼を打つこと三下《みたび》す」。それを聞くと僧は戻ってきて、烏臼の手中の棒を奪い取り、烏臼を三度叩いたというのです。

そうすると「臼云く、屈棒、屈棒」。めくら棒じゃ、めくら棒じゃ、という。

それに対して「僧云く、人の喫すること有る在《なり》」。言われたことを言い返しています。めくら棒を甘んじて受けた者がここにおるぞ。

言われた烏臼は「臼云く、草草に箇《こ》の漢を打著す」。よく確かめもせずに、こんな恐ろしいやつ、一箇の人物を打ったものだ。漢は僧のことでしょうね。

すると今度は、「僧、便ち礼拝す」。僧は修行者の立場にかえって、さっと礼拝した。道場主の烏臼は、「臼云く、却って恁麼《さよう》にし去れり」。そうきたか、という。

「僧大笑して出《い》づ。臼云く、恁麼を消得す、恁麼を消得す」。昔の訳ですと、余計なことを言ってえらい目にあったわい。

いかんせん、烏臼に叩かれた僧は、棒を持っているのはあなたなのですから、といって、さっと出て行こうとしたわけですね。そうしたら、欲しいなら貸してやってもいいぜ、と烏臼が言う。それを奪い取って、僧は烏臼を叩く。烏臼は叩かれるままに、身をゆだねるのです。

そこが、亀があらゆるものを自分の甲羅に引っ込めてしまい、甲羅だけになって相手に叩かれるままになる、というところと重なるのですね。烏臼がある意味で、本分を表したところだと思います。ここがすごいのです。なかなかこうはできない、というのですね。

この第七七則では、下に向かって衆生済度と出るときは、そこまで衆生のために尽くさなくてはならない。そういうことをいっているのだと思います。

垂示に戻ります。「向上《うえ》に転じ去《ゆ》かば、以て天下の人の鼻孔を穿つべし。鶻《はやぶさ》の鳩を捉《とら》うるが似《ごと》し。向下《した》に転じ去《ゆ》かば、自己の鼻孔は別人の手の裏《うち》に在り。亀の殻《こうら》に蔵《かく》るるが如し」。「箇中《ここ》に忽《も》し箇《ひとり》の出で来たりて」、もしここに、一箇半箇の漢が出てきて、「本来向上も向下も無し、転ずるを用《もっ》て什麼《なに》か作《せ》んと道《い》うもの有らば」。本来、向上も向下もないはずだ。上や下に転ずることもないはずではないか、というものが出てきたら、「只だ伊《かれ》に道《い》わん」。その者に言おう。これは圜悟禅師が言っています。「我も也《ま》た知る、你が鬼窟裏に活計《くらし》を作《な》せるをと」。そんなのではだめだ、といっているのです。

鬼窟裏は、何もないという、鬼の住む真っ暗な洞窟の中で生活しているようなものだ。今風に言えば、プラトンに洞窟の喩えというのがありますね。そんなのは洞窟の中で暮らしているようなものだ。

「且道《さて》、作麼生《いかに》か箇《こ》の緇素《くろしろ》を辨ぜん」。いままで三つのことを言っているのですが、向上と向下、向上も向下もない、転ずる転じないもない。その三つがあげられましたが、これをどのように決着するのか。

「良久《しばらく》して云く、条有れば条に攀《よ》り、条無ければ例に攀《よ》ると」。間を置いて、こう言った。条は法律の条文、例は判例、と注記にあります。法律の条文があったら、その条文に随って白黒を判断すればいい。もし法律がなければ、判例とか土地の風習とか、なにより本則がいい例になっているというのでしょう。この場の、本則が一つのいい例だから、それをしっかりと見て取るにしくはない、ということでしょう。そういうわけで「試みに挙し看ん」。

「超仏越祖の談」とは

では、本則を一緒に見てみましょう。

「挙す。僧、雲門に問う、如何《いか》なるか是れ超仏越祖《ちょうぶつおっそ》の談」。このように問うたというのですね。じつは、その前半があるといわれていますが、それは棄てられています。雲門録によりますと、この前段で、とあることが起き、そこで質問者が「如何《いか》なるか是れ超仏越祖《ちょうぶつおっそ》の談」と聞いているのです。

ここでは、これだけを見ていこうと思います。仏を超え、祖師方を越える話というのはどんな話ですか、ということですね。ここがある意味で、公案体系で言う向上の部類の話になります。

そこに、下語が付いていますね。圜悟禅師が「開けり」と付けています。続けて「旱地の忽雷」。日照り続きの大地に、突然雷が鳴ったぞ。「撈」。いい突っ込みだ。これはいろんな読み方、受け取り方があります。それでいいと思います。

僧の問いに対して、雲門禅師はこのように答えた。「門云く、餬餅《こびょう》」。これだけです。無文老師は餬餅を「どらやき」として、「どら焼きじゃわい」と訳していますね。

評唱がついています。圜悟禅師のコメントです。読んでみます。

「這の僧、雲門に問う、如何なるか是れ超仏越祖の談」。仏を越え、祖師方を超えた世界はどのようなことになるのでしょうか。それに対して「門云く、餬餅」と。

「還《は》た寒毛《みのけ》の卓竪《よだ》つことを覚ゆるや」。ここですね。どうして寒毛が卓竪するのでしょうか。これはすごいことだというのですね。今は六月で夏ですが、その夏に毛が立つような恐ろしい言葉だ。

続けて、「衲僧家《のうそうけ》、仏を問い祖を問い、禅を問い道を問い、向上《うえ》も向下《した》も問い了り、更に得て問うべきこと無くして、却って箇《こ》の問端《とい》を致し、超仏越祖の談を問う。雲門は是れ作家《てだれ》なれば、便ち水長《ま》せば船高く、泥多ければ仏大なるがごとく、便ち答えて道《い》う、餬餅と。道は虚しくは行われず、巧は浪《みだ》りには施さずと謂うべし。雲門復《ま》た衆に示して云く、你作《な》すべきこと勿《な》くし了り、人の祖師意を道著《いいた》つるを見て、便ち超仏越祖の談の道理を問う。你且《さ》て什麼《なに》を喚《よ》んで仏と作し、什麼《なに》を喚《よ》んで祖と作して、即ち超仏越祖の談と説《い》い、便ち箇《こ》の三界を出づることを問うや。你、三界を把《と》り来たり看よ。什麼《なん》の見聞覚知の、你を隔碍《へだっ》著ること有らん。什麼《なん》の声色仏法《しょうしきぶっぽう》の、汝の与《ため》に了ずべきこと有らん。箇《こ》の什麼《いか》なる碗をか了ぜん。那箇《なに》を以てか差殊の見と為さん。他《か》の古聖《こしょう》は你を奈何《いかん》ともすること勿《な》くして、身を横たえて物《しゅじょう》の為《ため》にし、箇《こ》の挙体全真《こたいぜんしん》、物物覿体《もつもつてきたい》と道《い》うも、得べからず。我、汝に『直下に什麼《なん》の事か有る』と道《い》うすら、早《すで》是に（汝を）埋没し了れりと。此の語を会得せば、便ち餬餅を識得せん」。

迷いの世界の中で

こんなふうに言っておられます。少し本則から離れますが、私たちが立っている場所はどこだったでしょうか。公案体系で言いますと、機関です。別の言葉で、いま読んだ中で言うと何でしょう。三界ですね。迷いの世界に私たちは立っているのです。人間である限り、必ず欲界、色界、無色界という世界の差はあれ、迷いから抜け出せない。そこで、なんとかしてこの迷いから抜け出すことができないかとする。それが道を求めるということだと思います。道はもちろん、宗教だけではありません。あらゆることが道を求めることにつながるでしょう。

道を求めるとは、三界から抜け出したいということ。では、どうしたらいいか。禅の場合は、まず理致ということになると思います。仏の世界をまず求めるということが、大事になる。そうして、仏だったら自分がいま三界の中で苦しんでいるこの事態をどう打ち開いていくか。「開けり」という著語がありましたが、自分の苦しみを開いていく手掛かりを、どうしたら仏は見つけていくか。仏と、手に手を把ってこの三界を生きていこう、というふうにしていくのが、禅の道ということでしょう。

ところが、禅だけではありませんね。いろんな人がありとあらゆる方法を探ろうとして、懸命に求めてきたと思います。たとえば、剣道、茶道、そして山登りが好きな人は山登りの道になっていくでしょう。

そういう順序を辿ることが大切だと、ここの垂示は言っていると思います。最初から向上を問題にすると、本当の向上の大切さが分からない。三界で苦しみ抜くことによって、初めて公案体系で言う、向上のありがたさが身に染みて分かるのだ、ということを教えてくれているように思います。

圜悟の評唱の後半を見てみましょう。

「五祖云く」。五祖法演禅師ですね。「驢《ろ》屎《し》を麝《じゃ》香《こう》に比すと」。驢屎は驢馬《ロバ》の糞ですね。それを麝香と比べる。比べようがないですね。

「所謂、直に根源を截《た》つは仏の印する所、葉を摘み枝を尋ぬるは我能《よく》せずと」。ここは大事なところです。これは五祖が言われたのでしょう。五祖は圜悟禅師のお師匠さんですね。ですから、師匠が常々こういうことを言われていたのだと思います。直に根源を截つのが仏の印だ。葉を摘み枝を尋ぬるような、まどろっこしいことを、わしはしないぞ。これが口癖だったのでしょう。

「這裏《ここ》に到っては、親切ならんと欲得《ほっ》せば、問を将《も》ち来たって問うこと莫れ」。人に問うてはだめだ、根源を絶ちきるしかないのだというのです。人に問うなどということは、下の下だ。葉を摘み枝を尋ぬるようなことだ。

「看よ這《こ》の僧問う、如何なるか是れ超仏越祖の談」。問いを持ってきて尋ねているので、だめだということです。

「門云く、餬餅と。還た羞慚《はじ》を識るや、還た漏逗《ぼろだし》せるに覚《きづ》くや」。超仏越祖の談と尋ねた修行者は恥を知っているのか。ぼろを出していることに氣づいているのか。

「有一般人《あるひと》、杜撰《ずんざい》に道《い》う、雲門は兎を見て鷹を放ち、便ち餬餅と道うと。若し恁麼《さよう》に餬餅を便ち是れ超仏越祖の談なりと見去らば、豈《あ》に活路有らんや」。そうじゃないのだといっているのですね。

「餬餅の会《え》を作《な》すこと莫れ」。餬餅という言葉について回るとだめだぞ。「又た超仏越祖の会《え》を作《な》さざれ」。超仏越祖ということに思い巡らしてもだめだぞ。

「便ち是れ活路なり」。大事なのは活路、生き生きとした道だ。超仏越祖にとらわれてもだめ、餬餅にとらわれてもだめ、というのですね。

「麻三斤、解打鼓と一般《おなじ》なり」。麻三斤、解打鼓と全く同じだ。言葉についてまわると、天地遥かにへだつのだ。

「只だ餬餅と道《い》うと雖然《いえど》も、其れ実に見難し。後人多く道理を作《な》して云く、麤言《そごん》及び細語、皆な第一義に帰すと」。そうではないというのですね。

「若し恁麼《さよう》に会《え》せば、且《しばら》く去《ゆ》きて座主《ざす》と作《な》れ」。講座の主となれ、というのです。「一生多知《たち》多解《たけ》なるのみに贏得《おわ》らん」。多知多解にとどまるだけだ。

「如今《いま》の禅和子《ぜんぼうず》道う、超仏越祖の時、諸仏も也た脚跟下に踏在《ふみつ》け、祖師も也た脚跟下に踏在《ふみつ》けり。所以《ゆえ》に雲門は只だ他《かれ》に餬餅と道えるなりと。既に是れ餬餅、豈に解《よ》く超仏越祖せんや。試みに去きて参詳し看よ。諸方の頌極めて多きも、尽く問頭《とい》の辺《がわ》に向《お》いて言語を作《な》す。唯だ雪竇のみ頌し得て最も好し。試みに挙し看ん」。

　こういって頌につなげています。雪竇だけは違うというのですね。雲門の腹をよく分かっていて、それを頌で見事に詠っている。いい例があるというのは、そういうところをいうのでしょう。そうしますと、頌をやらざるをえませんね。

「餬餅」を詰め込んで

頌です。「超談の禅客問うこと偏《ひとえ》に多し」。超談の禅客とは、超仏越祖の談をする禅僧。「客」はその道のプロというニュアンス。超仏越祖の談をする禅僧はともかく多い。

「縫罅披離《ほうかひり》たるを見るや」。縫罅は、ひび割れ、破綻。披離は、ちりぢりばらばらのさま。禅客の超越談義は隙間だらけ、と注記にあります。隙だらけであるということは、果たして禅のプロを自任する禅客たちに自覚があるかどうか、と突きつけています。

「餬餅塑来《つめこ》みて猶お住《や》めず」。自分のぼろは自分では氣づかない。餬餅という言葉でその隙間を埋めようとして、なおやめない。不可能なことをずっとしてきただけだった、ということですね。ほころびを繕おうとしても、繕えないことにあくせく精を出して、いまなお止めずに同じことをやっている。「木槵子《もくけんす》を将《もっ》て你の眼睛《めのたま》に換却《とりか》え了れり」と著語を付けています。

これは雲門の語で、『雲門広録』の中にあるというのですね。「木槵子」は、羽子板の羽に黒い玉がついていますが、あの材料です。真っ黒な玉です。しかし、それが大変な禅的な意味を持って使われる場合があります。大事なことはいったい何か。思いもかけないものに禅は大事を見いだすのです。まだ頭が働いているうちはだめだということでもあると思います。雲門が「餬餅」といったら、餬餅とは何だろうかと、文字に付いていく限り、禅の大事は手に入らないということです。わけが分からなくなるまで坐れという意味がそこにあるのです。真っ黒い玉ということは、まさにわけが分からなくなるところを言っているのでしょう。

「今に至るも天下に誵訛《ごうか》有り」。だから今現在も、相当の歴史を経てきているわけですが、天下に問題は問題のまま残っている。こういうことを言っています。

頌の評唱も見てみましょう。

「超談の禅客問うこと偏に多しと、此の語禅和家《ぜんぼうず》偏に問うことを愛《この》む」。好むことをうたい上げたのだ、というのですね。

「見《しら》ずや雲門の、你諸人、横に拄杖を担《にな》い、我《われ》参禅学道すと道《い》いて、便ち箇《こ》の超仏越祖の道理を覓《もと》む」。拄杖を担い、ですから諸国を行脚するのですね。お師家さんを尋ね回り、自分は参禅学道しているというのですが、しかし何をやっているかというと、「超仏越祖の道理を覓む」。雪竇が頌で否定したことをやっているのだ。

「我且《まず》は你に問わん、十二時中、行住坐臥、屙《あ》屎《し》放尿《ほうにょう》より、茅坑《べんつぼ》裏の虫子《うじ》、市肆《いちば》に羊肉を売買する案頭《だい》に至るまで、還《は》た超仏越祖底の《の》道理有りや。道《い》い得る底《もの》は出で来たれ。若《も》し無くんば我《わ》が東行西行するを妨ぐること莫れと道《い》いて、便ち下座するを」。こう言ったのは雲門ですね。

「有る者は更に好悪《よしあし》を識らず、円相を作《な》して、土上に泥を加え、枷《かせ》を添え鎖を帯ぶ。『縫罅《ほうか》披離《ひり》たるを見るや』とは、他《かれ》の問を致す処、大小大《おおき》な縫罅《ひびわれ》有り、雲門他《かれ》の問処《とい》の披離《ばらばら》なるを見て、所以《ゆえ》に餬餅《こびょう》を将《もっ》て縫を攔《われめ》けて塞《ふ》定《さ》ぐ。這《こ》の僧、猶お住《や》むを肯ぜず、却って更に問う。是の故に雪竇道《いわ》く、『餬餅塑来《つめこ》みて猶お住《や》めず、今に至るも天下に誵訛《ごうか》有り』と。如今《いま》の禅和子《ぼうず》、只管《やみくも》に餬餅の上に去《つ》いて解会《げえ》し、然らざれば超仏越祖の処に去《つ》いて道理を作《な》す。既に這《こ》の両頭《ふたつ》に在らず、畢竟什麼処《いずこ》にか在る。三十年後、山僧《それがし》が骨を換《か》えて出で来たるを待って、却《のち》に你に道《い》わん」。

三十年後、それがし、圜悟禅師が骨を変えて出てきて、ある意味生まれ変わってという意味でしょう。けれども、それでは遅いということでしょう。

「庵内の人なんとしてか庵外の事を知らざる」

まず、順序が大事だというのは言えると思います。全体像を捉えることによって、碧巌録の一則一則が捉えやすくなると思います。そうしますと、公案体系は三つ。理致、機関、向上。我々の立つ場は機関。現実、迷える三界です。そこからどう救われていくか。まず理致の世界を見いだしてほしいと思います。理致の世界とはどういうことか。

無文老師があるとき、歌を挙げています。「大という字」という歌を知っている方はいますか。根元正明という人が作っています。読んでみます。「大学生の兄さんに　大という字をおそわった　大学生の大の字さ　大黒さまの大の字さ」。

大の字を説明するのに、二つあげています。一つは大学生の大。これは一般的ですね。もう一つの方は、どこか宗教的なニュアンスがあります。大黒さまの大。私たちはまず、大という字に学ばなくてはならないと思うのですね。大の字を身体で示したら、どのようになりますか。そこが大事なところです。

ものすごく難しい公案の一つに、「乾峰三種病」というのがあります。これが本当に、どう取っていいのか興味が尽きないのです。乾峰和尚というのは雲門の先輩です。師匠といってもいいほどの先輩なのです。この公案について、縷々として乾峰和尚が話をされた。それが終わったとき、大衆の中から雲門が出ます。質問があります、よろしいですか、と。例の有名な「庵内の人なんとしてか庵外の事を知らざる」をいうのです。これはどういうことなんでしょうね。庵内にすむ人は、どうして庵外の事を知らざる。これをどのように取るかで悩むのです。

白隠もこれを墨跡にして人に与えていますね。乾峰和尚の言葉は、「法身に三種の病、二種の光有り」というのです。これは経典にある言葉だそうです。これを使って縷々と話をするのです。ひとしきり済んだところで、雲門大師が面前へ出て行き、質問します。「庵内の人なんとしてか庵外の事を知らざる」。乾峰には雲門がどういう氣持ちでそんな質問をしたかが分かったのでしょう。しかし、これが難しいところです。仏は「根源を截つ」、というのがありましたね。葉を摘み枝を尋ねない。根源を截るのが仏のなすことだ、と。

法身という問題を出していますが、法身は理致の世界です。その世界を持ち出して、三種の病、二種の光というような説明の仕方をした乾峰和尚の方が回りくどいですね。葉を摘み枝を尋ねている。それに対して、「庵内の人なんとしてか庵外の事を知らざる」という方がずっと根源を截ちきったところの発言だったと思います。そういう問答が残っています。

大変悩んでいるときに、こういう言葉を『槐安国語』の中で見つけました。雲門自身が言っている言葉、「庵内の人」が何を意味するのか思いあぐねていたときに、「庵内の不死の人」と。不死の人だというのですね。それは法身ですね。「庵内の不死の人を知らんと要せば」と雲門自身が、雲門広録の中で言っているそうです。自分が言う庵内の人は不死の人だというのです。死なない人、これは法身。「庵内の不死の人を知らんと要せば、豈にこの皮袋を離れんや」というのです。皮袋ですから、この肉体。この身体から離れてはいかんぞ、と言ってくれているのです。身体を離れては、不死の人はいない、ということです。

それはどういうことか。臨済録の言葉に直すと、赤肉団の学道。切れば血の出るこの身体をつかって学んでいく、ということですね。そこに、一無位の真人がいるのです。赤肉団の学道を通して、無位の真人をしっかりと自覚していくことです。庵内不死の人という雲門自身の白状底、不死の人は無位の真人です。赤肉団はなくなっていきますが、赤い血が出る限り、そこに必ず影の寄り添うように、一無位の真人が働いている。これが一番大事なことだと思います。

大といっても、手を広げたところには限りがあります。これに即して、無限の空間を表すのですね。一方は、限りある赤肉団。一方は、目に見えない、限りのない（Great-Something）、自覚したものを表す。両方が一つになったところにこそ、一つの大事なものがあるのではないかと思います。

そこを剣道の人は剣の道を通じて、茶の人は茶の道を通して、百年前後の有限な身体を通して限りない無限のものを求めていく。窮まりのないもの、限界のないものを求めようとしたと思うのです。

「ひじ外に曲がらず」

その上で、禅が禅たる所以のものは向上。仏の上ということ。そこはどこかというと、仏が消えたところ。ですから平常心、普段の心、誰もが持っている心です。そこで仏が消えてくれるのです。これが大事です。もう一つの大事が浮かんできます。それは馬祖道一の言葉だと言われますが、「平常心是道」。平常心、誰もが持っている心だが、おのずと道にかなう、という世界。それが向上の世界の一番大事なところだと思います。

論語なら「矩をこえず」。己の欲するところに従っているけれども、自然と矩をこえない。そういう不思議な世界です。こうなると絶妙な世界と言わざるを得ませんね。三界のまっただ中にもかかわらず、自分の欲するままに動いて、しかも矩をこえない。そういう摩訶不思議な世界が現前する。それこそが般若心経の真実不虚でしょう。真実だけがある。その真実は決して虚しくない。

鈴木大拙が言われた言葉に、「ひじ外に曲がらず」がありますね。肘は片方に曲がれば十分です。有限の中に無限を見いだす。それが仏向上の世界だと思います。誰もがみんな持っていること。そこに無限の働きを味わっていくということだと思います。一つの言葉で言えば、「真空妙有」。私は一時期、「真とはなにか、空妙有だ」と読んでいたのです。本当のこととは何か。空妙有だ。空であり、その何もないところから何とも言えない素晴らしい働きが出てくる。そいつを真空妙有という、と言っていたのですが、今は、何か全てが一つにつながっていくような氣がしてならないのです。

お父さん、お母さんから生んでもらったものが、この赤肉団ですね。そこに、全てがあるのだという感じです。そこにどれだけのものがあるかは、私たちが努力しなくては自覚できませんね。「道無窮」という言葉がありますね。道きわまりなし。どれだけのものが、母から生んでもらった身体に収められているか。それを見つけ出すか。無限のものがそこに収められているのだと思います。

一円相を最近、河野太通老師は、臍の穴、とおっしゃいました。一円相を描いて「花か団子か」、などとやりますね。それを臍の穴か、と。あれはお母さんとのつながりを言っているのだと思います。テレビで見たのですが、私たちは血だらけになって生まれてきますね。その血は誰の血かといえば、お母さんの血ですね。その血に包まれて生まれてくる。私たちはお母さんとのつながりがあるだけですね。母とは臍の緒でつながった関係ですね。考えてみますと、私たち男性は、臍の緒でつながったのは母親だけですね。太通老師は臍の緒を通して、この世に生まれてきた意義を見いだされたのではないかと思っているのです。母親というのは自分の血など氣にしないで、そこに現れた子どもの命、命そのものが大きく育ってほしいと願うのでしょう。

無隠窟老師が教えてくださったのですが、衲僧――つまりは私たち人間ということですが、その一番親しいものは何か。何だと思いますか。衲僧ですから、破れ衣を着た修行者です。その最も親しいものとは、食事です。どうして食事か。身体と一番密接だからでしょう。生きていくためには食べねばならない。だから、そういう拶所を作り出したのだと思います。これは実に見事だと思います。

まず身体をしっかり調えて、そこで形を超えた無限なるもの、そこから生まれる無限なるものに氣づいてほしいという願いが、そういう拶所を作らせたのだと思います。

この則に出てくる餬餅も、その言葉にとらわれない方がいいと思います。とらわれると、頭で考えるようになってしまって、頭で解決しようとする。わけがわからなくなるということが大切なんです。

先日言いました宿題の、三つの内のどれか、というのも、わけがわからなくなった方がいいのです。わけが分からないままに放っておいたらいいのです。あるとき、はっと、「これだ、間違いない」という答えが出てくると思うのです。思いも掛けないことに、私たちが人として生まれてきて、氣づかなくてはならないことが隠されているということだと思います。願わくは、そういうことを見つけ出してほしい。そのことが一番大事ではないかと思います。

三界こそが大事です。原点は三界です。迷いを通して迷いを抜け出すのです。迷いのままでは宗教になりません。宗教を通して迷いを抜け出す。そしてまた、迷いのまっただ中に帰ってこなくてはいけない。そうすると、誰に恨まれることもありません。あいつは親に良い才能を産み付けてもらっていいな、などとは言わせません。煩悩なのですから。その煩悩を煩悩のままにしないで、そこにこういうものがあるのだ、と氣づくのです。

一つ間違えますと、仏というのは何もない、空も何もないということになり、それにとらわれて、超仏越祖とやる人が多いのです。そうではないのです。迷いから一歩も出ずに、そこを生き切る。それは誰に遠慮することもありませんね。みんな持っていることですから。それを鍛えに鍛え、そこから無限のものをくみ取ろうとすることができる。あなたならもっと素晴らしいものができるはず、と言ったらいい。だからひとつ、迷いというものを大事にして、生きていただきたいと思います。

須らく七穿八穴して始めて得し——第七八則「十六開士入浴」

【本則】挙す。古《いにし》え十六の開士《かいじ》有り、浴僧の時に、例に随って入浴するや、忽《はた》と水因を悟る。諸禅徳、作麼生《いかに》か他《かれら》の妙触宣明《みょうそくせんみょう》、成仏子住《じょうぶつしじゅう》と道《い》えるを会《え》する。也《ま》た須らく七穿八穴して始めて得《よ》し。

【頌】了事の衲僧一箇《のうそうひとり》を消《もち》う、長連床上に脚を展《の》べて臥《ふ》す。夢中に曾て説く円通を悟ると、香水もて洗い来たらば驀面《まっこう》に唾《つば》き せん。

「七穿八穴して始めて得し」

「挙す。古《いにし》え十六の開士《かいじ》有り」。「開士」の開は、「開く」と読みますね。「士」はなんでしょう。禅宗では亡くなると居士になります。この士です。何かに開けた士。士はお坊さんではないということです。何かに開けた誰か。それは菩薩です。菩薩はお坊さんではないのですね。だからネックレスなどをつけていますね。坊さんに近い形を取っているのは、菩薩の中ではお地蔵さまだけです。頭を丸くしていて、余計なものをつけていない。忙しすぎて飾りをつける暇もない、ということだそうです。ですからここは、「十六の菩薩有り」と読めます。十六人の菩薩がおられた。

「浴僧の時に、例に随って入浴するや」。「浴僧」は、修行僧への供養として入浴してもらうことです。受ける作法が細かく決められています。その作法に則って入浴するやいなや、ということでしょう、「忽《はた》と水因を悟る」。たちまち、水因を悟った。「水因」は水の本性。水がどういうものであるのかを悟った。漠然としていますね。水の本性とは何でしょうか。

衆生の本性は何でしょう。迷いの世界を生きている私たちの本性とは、白隠さんが何と言っていますか。仏です。では水は何でしょう。空ではありませんか。空という場で全てが出会うのではないでしょうか。空だからこそ、衆生も仏も出会えるわけですね。衆生も空、仏も空ということで「衆生本来仏なり」。基本的にはすべてが空だというのです。そう見ることができた時、「衆生本来仏なり」というような、考えられないようなことが言えるわけですね。

空の菩薩は何でしょう。文殊です。だから禅堂にお祀りします。文殊を何と言いますか。空を司るのが文殊菩薩で、「諸仏の母」と言います。なぜなら空をがっしりと導くからです。諸仏を生み出す基だというのです。ですから「忽《はた》と水因を悟る」とは、水が空だと了解できたということです。

「諸禅徳」。皆さん。「作麼生《いかに》か他《かれら》の妙触宣明《みょうそくせんみょう》、成仏子住《じょうぶつしじゅう》と道《い》えるを会《え》する」。「他」は十六の菩薩方です。「妙触宣明、成仏子住」という言葉が口をついて出た、ということでしょうか。これは珍しい形ですね。問答ではなく、一つの事実を雪竇が取り上げたのです。

昔、十六人の菩薩がおられた。菩薩ですから、尊いということで、在家の人から供養されて、お風呂を用意された。施浴の時に、作法にしたがってお風呂に入った時、たちまち、十六人が同時に水因を悟られた。水の本性を明らめることができた。水の本性は空だと悟ることができた。皆さん、十六人の菩薩が「妙触宣明、成仏子住」と言ったけれども、この言葉をどう会するか。こういう問いを私たちに突きつけているのです。

しかし、問答ではありませんから、言葉は返ってきません。雪竇が一言置いています。「也《ま》た須らく七穿八穴して始めて得《よ》し」。普通なら問答が取り上げられていますから、問答をしている二人のうちの片方が答えますが、ここではそれがいないので、自ら代わって曰く、というところです。

ここで雪竇は何を言っているのでしょう。「七穿八穴」は、注記では「穴だらけになるまで、徹底的に彼らの仏子としての境地を突き破る」と説明されていますが、これではわかりませんね。従来はどのように受け取っていたか。例えば無文老師はここをどう受け取っているか、見てみます。

「また須らく七穿八穴にして始めて得べし」と、昔は読みましたね。ここをどう解しているか。ゆっくり読み上げますから、聞いてください。

「十六人の菩薩は、妙触宣明、成仏子住と言われたということだが、その氣持がわかるか、どうじゃな」。無門老師も非常にお風呂がお好きでしたから、実感を込めていっているのでしょう。「ああ氣持ちがいい、極楽じゃ、と似たような氣持ちになることはできるが、悟ったかどうか。水因を悟れたかどうか、絶対無を悟れたかどうか」。空になったかどうかというのです。「いい湯じゃな」というのが、空になったところから出てきた氣持ちかどうか。少なくとも、空になったところからいい氣持ちになったという氣持ちが自覚できたかどうかということですね。

「そのいい氣持ちということさえもない」。絶対無ですから。「このままで仏だったと、そういう氣持ちがわかるかどうか」。これが大切ですね。空になったかどうかも消してしまう。このままで仏だったとわかるかどうか。このままで仏だったというときには、どんなかたちを取るのでしょう。

「しかし風呂に入って悟りが開けるならば、銭湯に入る人はみな悟りを開くはずだ。有馬温泉に来たお客さんはみな悟って帰らねばならぬ。七穿八穴か七転八倒か。七転八倒の苦労をして初めて悟れるのである。容易なことではない。七年や八年の苦労をして初めて見性ができるであろう。山中鹿之介という武将は、三日月に手を合わせて、我に七難八苦を与えたまえ、といって拝んだということだ。世間の人ならば、どうぞ災難に遭わないように、幸せになりますように、と拝むのは当たり前であろう」。三界に満ちている私たちはそれが常です。「苦労してこなければ一人前にはならぬ。そういう悟りが開けるためには、七転び八起きの苦労をしてこなければ悟れんと、雪竇が一本釘を差しているのである」。

ここを押さえてほしいわけですね。ひとつ、しっかりと捕まえてほしいわけです。これはわからなくても当たり前です。こういう押さえ方を公案禅はしているのだと知ってほしいのです。この世でのいろいろな体験に、公案を使ってほしいわけです。今日の一番大事なところはここです。どのような表現を公案禅は取っているかということです。

碧巌録の現代語訳を、私たちは使っています。語学的には最新で、優れたものですが、公案体系というのは頭にありません。公案体系が大事だということが、宋時代の禅者の見方です。活潑潑地の唐時代の禅僧と同じように、一人でも多くの人になってもらうために、必要だとして作り上げたのが公案体系ですから。ところが現代語訳では使っていません。ですから一方的な教科書ということになります。それで、岩波文庫版の現代語訳を使わないという老師方もいるわけです。私は語学の上ではいいところがあるから、使えばいいという氣持ちでいますが。

他人事ではないぞ

それでは、今度は、無文老師の見方を通して、圜悟禅師の下語を見ていきます。「古《いにし》え十六の開士《かいじ》有り」というところに圜悟禅師が下語をなしています。「群を成し隊を作《な》して什麽《なん》の用処《やく》にか有《た》たん」。ひとりでも入浴ですが、十六人もが「群を成し隊を作して」、どんな働きどころ、素晴らしいことが出てくるのか、という感じですね。「這《こ》の一隊の不喞㽓漢《だらしなきやつら》」。無門老師は、「十六人も揃って風呂に入るなんて、人数が多いばかりが値打ちではないぞ」といっています。

「一人で修行するというのは難しいものだ。禅堂に入らずとも、家で独接心ができそうなものだが、なかなかできるものではない。こうして皆があつまって切磋琢磨するから修行ができるのであるが、圜悟禅師はその逆を言われているのである。数が多いばかりが能ではない。大勢集まると、人を頼りにしてあかん」と言っています。

「這の一隊の不喞嚠漢」というところは、「十六人も寄って集まって、碌でもないやつばかりだと、抑下《よくげ》の卓上《たくじょう》」、つまり大いに褒めている。口先では押さえ込んでいるのですが、心の中では大いに褒めている。「十六人の中で跋陀婆羅菩薩だけが悟ったというのならまだしも、十六人がいっぺんに悟ったのだ。こんなことはめったにないことだ」。十六人の開士とは、跋陀婆羅菩薩以下の十六人の菩薩です。

「浴僧の時に、例に随って入浴するや」の下語に、「露柱に撞著《つきあた》る。漆桶《しっつう》、什麼《なに》をか作《な》す」とありますが、「これはむしろ、次のところにかかる下語であろう。風呂に入って水因を悟ったとは、柱に頭でもぶつけて、そこで思わず悟ったのかな。漆桶の中に足を突っ込んだのかな。真っ黒な漆桶だ。足を突っ込んだら出るわけにもどうするわけにもいかん」。真っ黒な漆桶の中に足を突っ込んでしまい、身動きができなくなってしまったというのでしょう。

しかし結果、何が起きたかというと、本文は「忽《はた》と水因を悟る」となっています。そこには圜悟禅師は「悪水驀頭《まくとう》に澆《そそ》がる」と付けています。悪水は汚れた水、泥水。それを頭からぶっかけた。「頭から手桶いっぱいの泥水をブッ被せられたようなものじゃ。思わずぞっとしたか」と言っています。

「諸禅徳、作麼生《いかに》か他《かれら》の妙触宣明《みょうそくせんみょう》」というところに、「更に別人の事に干《かかわ》らず。什麼生《いかに》か他《かれら》を会《え》せん。撲落《ぼくらく》するは他物に非ず」と付けていますね。

「跋陀婆羅菩薩をはじめとする十六人の菩薩のことではないぞ。他人事ではない。めいめい自分のことじゃ。四・九日には皆風呂に入るではないか。今度の四・九日に風呂に入ったら、妙触宣明を悟って来ねばいかん」。雲水は四と九のつく日には風呂を沸かして施浴してもらえるわけです。「什麼生か他を会せん」。「人が悟ったからといって、人の心がわかるかい」。自分みずからが悟って来ねば、わかりはしない。他人事ではないぞ。「撲落するは他物に非ず」だ。

「転んでもそこが仏心の場だ。そこらにある石ころがそのまま仏心の表れだ。心の目を開くならば、風呂に入らんでも道を歩いておっても寝ておっても悟れねばいかん。柔らかな布団の中に入ったなら、そこで妙触宣明と悟らねばいかん。何も夜明けの明星を見んでも、バスの走る音を聞いても、悟らねばならん。見るもの聞くものがことごとく仏心だ」と、無文老師は獅子吼しておられます。

「成仏子住《じょうぶつしじゅう》と道《い》えるを会《え》する」のところには、圜悟禅師はどのような著語を置いているか。「天下の衲僧這裏《ここ》に到って摸索不著《さぐりあてられず》」。「言うことはすごいけれども、その境界に達するのは容易ではないぞ。『当処即ち蓮華国、この身即ち仏なり』と謳うことはできるけれど、なかなかその境涯は天下の衲僧もうかがうことができんものじゃ」。「両頭三面して什麼《なに》か作《せ》ん」。「水因を悟るといい、妙触宣明といい、成仏子住といい、両頭三面だ。十一面観音ではあるまいし、悟りにはそんなに顔はあるまい。たった一つの顔のはずじゃ。そんなにいろいろな言い方をしてみて何になるか」。しかし、こうも言えるところが禅なのですね。そう私は思います。そこに禅の禅たるところがあります。

鈴木大拙の言葉に、「なんとたくさんの絶対のあることよ」というのがありますね。それが鈴木大拙の本質だと思います。絶対を一つとしないのです。絶対ですから一つのはずですが、なんと多数の絶対のあることよ、とまとめ上げるところに、鈴木禅学の素晴らしさがあると思っています。ですから、無文老師は「たった一つの顔のはずじゃ。そんなにいろいろな言い方をしてみて何になるか」と言っていますが、本心はどこにあるか。これだけではわかりませんね。

その次に「也《ま》た須らく七穿八穴して始めて得《よ》し」。そこの著語は「一棒一条痕」。「しっかりと師匠に叩かれて来ねばいかん。叩かれたそのあとが一生忘れられんほどの痛棒を食らって来ねばならん」。このあたりは無文老師の真骨頂だと思います。「山僧《それがし》に辜負《そむ》くこと莫くんば好し」。「いつもワシが言うておる通りじゃ」。わしのおかげを被るなよ、あんた自身の問題だぞ、ということですね。

続けて、「撞著《とうじゃく》磕著《こうじゃく》す」。「撞はどんとつきあたることで、著は助字だ。石と石がカチッと合わさる音が磕だ。本当に体当たり、全身全霊で体当たりしていけ」。これが無文老師の真面目です。「そこでカチッとぶつかるものがある。命がけでいかねば悟りなど開けるものではない」。カラじゃないのです、カチッとぶつかるものがある。

「還《は》た曾《かつ》て徳山・臨済を見しや」。「徳山の棒、臨済の喝と昔から言われておるが、徳山の棒を頂戴し臨済に横っ面を殴られたことがあるか。どうじゃな。自分で命がけになって修行ができぬのなら、いっぺん、徳山・臨済両和尚にお目にかかって、骨が折れるほど三十棒を喰らわせてもらって初めて本氣になれるというものじゃ」。こういう提唱のされ方をしています。

そこで、公案ではどう押さえるか。何もないということに捉われる、という大きな落とし穴があるわけですね。そこでこう言ってくれていますね。全身全霊で体当たりしていけ。そこで初めてカチッとぶつかるものがある。何もないのではない、と。

この身体で坐る――赤肉団の学道

私たちの生きる現実というものは次々と問題が起こります。それは本来ないものだと言っても、どうなのでしょう。おかしなことになりませんか。あるわけです。次々問題が起きるのが現実ですから。そこをどう生きたらいいかということが、私たちの切実な問題であるわけです。

ところがそれを空だ、そんなものは夢幻だと言って済ませてしまうなら、宗教などアヘンだと言われても仕方ないのではないでしょうか。そのあたりをどう、取り捌くかということです。

無文老師は「本当に体当たりしろ、何もかも忘れてその問題とぶつかってみろ」というわけです。全身全霊で体当たりでいけ。そこで初めてカチッとぶつかる。命がけでいかねば、悟りなど開けない。ぶつかるものがある。それを象徴するのが何ですか。身体ではないですか。真っ向からぶつかってみた。そこから見出されるものは、私たちの身体ではないでしょうか。この身という字は、般若心経にありますね。「眼耳鼻舌身意」。「妙触宣明」はどうですか。身に対して、「触」があります。

そうして、もう一つ公案禅の方からは、ここにないものを加えるのです。それは何でしょうか。こういう言葉を加えてほしいのです。「塵」。塵とは何でしょう。心に対するものだと思います。心は無でもいいのです。なくてもいい。けれども、塵はどうか。塵だけは置いておけ、というのが公案禅です。塵とは自覚の産物です。私たちの心が作り出すものが塵です。心が私たちの身体を塵と感じさせるのです。これが大事なのですね。心の自覚の作り出したものが塵なのです。それを加えよ、というのです。水だけではない。

心と塵の関係で言いますと、塵というものを付け加えよ、という。水因を悟ったという時に、私たちの心が作り出す、身体の汚れのようなものも、すうっと消える。これが究極の大事だと思います。

我々の身体は、ギリシャ的には美しい身体ですね。けれどもそうばかりも言っていられません。老いが来ますと醜くなりますが、その醜さすらも、この時一緒に消えてなくなる。それが禅というものだと思います。それがなくては、少なくとも宗教にはなりませんね。それをしっかりと、教えてくれるのが公案体系というものだと思います。向上という世界から教えてくれるということだと思うのです。

「還た曾て徳山・臨済を見しや」。「徳山の棒、臨済の喝と昔から言われておるが、徳山の棒を頂戴し臨済に横っ面を殴られたことがあるか、どうじゃな。自分で命がけになって修行ができぬのなら、いっぺん、徳山・臨済両和尚にお目にかかって、骨が折れるほど三十棒を喰らわせてもらって初めて本氣になれるというものじゃ」。こう言っていますが、これも本当のことだと思います。どういうことか。

身体がどんなにしっかりしていても、それで悟れるとは限りませんね。やはり、精神力も必要です。それは何かというと、「徳山・臨済両和尚にお目にかかって、骨が折れるほど三十棒を喰らわせてもらって」という精神力。暴力ではなく、精神の力が必要なのです。人から叱られる、怒鳴られることが自分の活力のもとにならなくてはならない、というところも大いにあるのです。むしろそこのところが、「也《ま》た須らく七穿八穴して始めて得《よ》し」という世界だと思います。穴だらけに、めちゃくちゃにされてしまう。それでもなお、かえって生き生きとしてくるものこそが精神力ではないでしょうか。棒で打たれたりしたら、身体はボロボロになりますが、精神力は別です。両方が必要なのですね。それを一口にまとめると、「赤肉団の学道」となるのです。まとめたところで、みなさんに掴まえていただきたいのです。

「赤肉団」は「赤肉団上一無位の真人あり」の「赤肉団」です。切れば血が出る肉の塊。これがとりもなおさず、身体です。生きている限り、血が出る身体です。この身体で学ぶのだ、というのです。身体で学び取る。そこには「触」という世界が相対して出てきます。けれども、これだけでは単なる身体にすぎません。「赤肉団上一無位の真人あり」とあります。「一無位の真人」が大事なのです。これは姿形のないもので、精神力につながっていくものです。目に見えないものを実感していくところに、ひとつの大きな学道があるのです。ですから身体があるところには、一無位の真人がある。目には見えませんが、真人、本当の人を見つけ出してほしいと思います。

見つけ出すことを自覚と言います。ですから、目に見えるものが大事なのです。目に見えるものを取っ払うと、空理空論になりやすい。まずはこちらを、身体を主とする。二つ並べれば無位の真人の方が大事だということになりますが、実際はそうではないのです。修行という場においては、むしろこちらを、身体を基本にします。これがあるところに必ず「一無位の真人」が宿る。宿るということは、自覚できるということです。

この身体を持つ限り、必ず「一無位の真人」が自覚できるのだ。だから自覚をもたらさなくてはいけない。それは臨済や徳山をもってしてもできない。するのは一人一人だというのです。徳山に叩かれれば必ず悟れるとは決まっていないのです。助けにはなるかもしれませんが、時節因縁は当人の自覚によるしかない。こういう、形のあるものは滅びる、無常です。この無常のところに、無常でない、絶えず生き続け、生き通すものを自覚していこう、というところに宋時代の禅者が作った公案の心があると思うのです。

仏を求めて仏を捨てよ

頌に入ります。「了事の衲僧《のうそう》一箇《ひとり》を消《もち》う」。これも、従来の解釈とはまるっきり逆の取り方になりますが、本当のことはそれを超えたところにある。文字の上では逆になりますが、本当のことは、両方ともに生きるようなところにこそ、あると思ってください。それが「なんとたくさんの絶対のあることよ」という大拙の言葉にもなるのです。

「消」を「もちう」と読んでいます。現代語訳の注記が出ています。「なすべきことを成し遂げた坊主は一人でよい（十六人もの大勢はいらぬ）」とありますが、しかし、こうは取れないでしょう。なぜなら、一人でも多くなすべきことを成し遂げたお坊さんを作りたい、というのが禅の歴史ですから。その立場に立つ限り、これは問題にもならないわけです。これでは困るのです。迦葉尊者だけでは困るのです。だからこそ、という歴史が禅にはあるのですが、それがわかっていないから、こんな訳注を掲げるのですね。おかしなことだと私は思います。

ここを従来はどのように訳しているか、見てみましょう。無文老師はどのように訳しておられるでしょうか。「何もかも済んだということである。学ぶべきことを学び尽くし、行ずべきものを行じ尽くし、さらに求めるもののないものを、了事の衲僧というのである。そういう修行のできた衲僧がここに一人出来上がった。これは跋陀婆羅菩薩のことを言っているのである。同時に十六人の開士が悟ったということであるが、数が問題ではない。跋陀婆羅菩薩一人で結構だ。真に修行のできた僧ならば、一箇半箇で結構」。同じようなものですね。無文老師も一箇でいいのではないかと言っているように、一応は見えますね。

次が「長連床上に脚を展《の》べて臥《ふ》す」。無文老師の解釈では、「長連床は一度に五人、十人と大勢が坐れる単のことである。修行が終わったのならば、そこで手足を伸ばし、悠々と昼寝ができるであろう。跋陀婆羅菩薩が妙触宣明、成仏子住と言われた境地は、長連床上に脚を展《の》べて臥《ふ》すという境地であろうか。しかしこの雪竇は許さんぞ」。

「夢中に曾て説く円通を悟ると」。「入浴中に忽然として悟りが開けたなんぞと、そんな夢のような話はこの雪竇は許さんぞ。十六人の菩薩が円通を悟ったと首楞厳経には書いてあるが、悟りが開けたなんぞというものがあれば、それは夢だ、寝言だ。悟りなどというものがあるはずはない。悟りを開いたなどという意識があったらもう嘘だ。大方昼寝の夢でも見たことだ」と。

「香水もて洗い来たらば驀面《まっこう》に唾《つば》きせん」。「風呂に入るどころではない。素晴らしい香水風呂に入って、煩悩もなくなり、妄想もなくなり、妙触宣明、成仏子住などとぬかすやつがあるならば、頭から唾をかけてやろうと、大いに罵倒しているようであるけれども、罵倒ではない。悟った上にも、その悟りくさいものを捨てていけ。仏見法見を捨てていけ。香水で洗った綺麗なところに、もう一つ香水をふりかけてやろう、というところであろう。悟りの悟り臭きは真の悟りではない。学び尽くして学び忘れ、行じ尽くして行を忘れ、悟り尽くして悟りを忘れてこい、というのである」。

こう言ってくれております。その悟りそのものが、悪水だというのですね。もう一度、悟りを消さなくてはいけないというのです。現代語訳はどうでしょうか。「香水もて洗い来たらば驀面《まっこう》に唾《つばき》せん」のところに、「芳香を加えた水で沐浴する（即ち、悟りくささをつける）なら」とあります。これはよく分かりません。

最後の向上という世界は、仏の上ですから、仏が最高ではないというわけですね。悟りが最高ではないということです。そこを、「香水もて洗い来たらば驀面《まっこう》に唾《つばき》せん」と。風呂に入るどころではない、素晴らしい香水風呂に入り、煩悩もなくなり妄想もなくなり、妙触宣明、成仏子住などとぬかすやつがあるならば、頭から唾をかけてやろうと、大いに罵倒しているようだけれども、罵倒ではない、というのですね。悟った上にも悟り臭いものを捨てていけ、と。ここに公案禅の一つの大事があるのです。公案禅を作った人は、まず仏を求めなさいと言っているわけです。それが理致の世界です。しかし、そこにとどまっていてはだめですよ、というのがまた公案禅であるわけです。

「悟った上にも、その悟り臭いものを捨てていけ」。香水で洗った綺麗なところが仏の世界です。「もう一つ香水をふりかけてやろう、というところである。悟りの悟り臭きは真の悟りにあらず、学び尽くして学び忘れ、行じ尽くして行を忘れ、悟り尽くして悟りを忘れてこい、というのである」。こんな訳し方を無文老師はしているのです。

「了事の衲僧」とは

続いて、無文老師に導かれつつ、圜悟禅師の著語を読んでみましょう。

その前に思い出したことがあります。秋月先生のもとで、碧巌録の講義を聞いた時に一番惹かれたのが、垂示でした。この第七八則には垂示はありませんが。もちろん本則、頌は大事ですが、一番魅力があったのは垂示でした。それが実に生き生きとしていたのです。私も、その時は勤めておりましたし、まさにどう勤めるべきかということを、これほど明快に教えてくれる圜悟禅師の垂示の力に、心が震えました。だから講義を休みたくなくて、休まなくてはならない時は残念で仕方なかったのです。

圜悟禅師がその時なにを私に訴えたかというと、まず仏を求めよ、ということです。冷静に見てみれば、どう仕事をしたらいいか、それにはまず仏をつかまえなさい、理致を求めなさいと言っているわけです。今から見れば、それはほんの一部です。しかしその一部がとても魅力的でした。まず、方法論としては、理致の世界をしっかりと見なさいというのが、宋時代の達人たちのやり方だったと思います。

「了事の衲僧《のうそう》一箇《ひとり》を消《もち》う」。そこに圜悟禅師が下語を付けています。「現に一箇《ひとり》有り」。雪竇、おまえさんもその一箇であろう。「朝打三千、暮打八百」。そこには、「修行が済んだなどというやつがあったら出てこい。雪竇は許しても、この圜悟は許さんぞ。叩いて叩いて、叩きのめしてやろうぞ。どこぞの僧堂で印可をもらったなどと、そんなものを振りまわすやつがあったなら、この圜悟が許さん。悟りの済む時があるものか、死ぬまでが修行じゃ。そんなものは公案が済んだだけじゃ。修行は済んではおらん」と言っていますね。「金剛圏を跳出《とびだ》さば」は、「あらゆる欲望から解脱し、絶対の自由を得るのが禅というものだ」。最終的にはここです。自由を得るというところに出るのです。

「法律にも道徳にも、世間の風俗人情にも支配されぬ、それが禅だと思っているものが、今では世界に大勢おる。道徳もなければ世界もない。やれ自由だと汚い格好をして、寝たい時に寝、食いたい時に食っておる、ヒッピーというものがそれだ。しかし禅はそんなものではない。そんな客観的な世界にも支配されないのと同時に、自分の煩悩にも感情にも支配されない。外にも内にもとらわれない。とらわれるものは何もない。そうならなければ、本当の自由ではない。それが妙触宣明、成仏子住の境涯であろう。しかし、それだけでは禅では許されぬ。その何もないやつが、新しいものを創り出してこなければならん。新しい社会、新しい自分を創って来なければいかん。創造的な主体性だ。そう働かなくては、了事の衲僧とは言えん。悟れば社会がどんなに苦しもうが、世界がどんなに乱れようが、我関せず然とただ坐っておるのでは、ヒッピーと同じことだ。妙触宣明、成仏子住と悟っただけでは、この圜悟禅師はまだ許さんぞ」。「一箇すらも也た消得《もち》いず」。「圜悟が許したものはまだ一人もおらん。修行が済んだなどと許せるやつは一人もおらんわい」。

「長連床上に脚を展《の》べて臥《ふ》す」の著語ですが、「果然《はた》して是れ箇《こ》の瞌睡《いねむり》せる漢」。「やっぱり居眠りしておるではないか。長椅子の上に足を伸ばして良い氣持ちで寝そべっておるのを居眠り坊主というのじゃ」。そんな者は、「論劫《とわ》に禅を論ぜず」。「長椅子の上に長々と寝そべって、生もなければ死もない。このままで永久に良いなどと論じてみて、そんなものが悟りだと思ったら、そんなところに禅はないぞ。いつまでも寝ておらんと、入鄽垂手《にってんすいしゅ》、裸になって社会に飛び出さんか。一人だけで良い氣持ちになっていては、いかん」。

「夢中に曾て説く円通を悟ると」の著語は、「早是《つと》に瞌睡して更に夢を説けるに」。「居眠りしている証拠じゃ。もう夢を見ているではないか。悟りを開いたなどととんでもない寝言を言うな。居眠りしただけならまだ罪は軽いが、夢で見た寝言を世間にいかにも真実のように吹聴しているではないか」。「却って你に許《みと》む夢に見ることを」。「だがまあ、夢も必ずしも悪くはない、悟りを開かんものには夢でも見ろと言いたい。悟りという素晴らしいものがあるという夢を見ることも悪いことではない。跋陀婆羅菩薩は風呂に入っておって悟った。お互いどこで悟るかもしれん。油断をしてはならんぞ」。「寝語《ねごとい》いて什麼《なに》か作《せ》ん」。「しかしその夢で見た寝言を言うことはないではないか、夢は夢だ。そんな夢はきっぱりと捨てて、真実に働いて出てこんかい」。

「香水もて洗い来たらば驀面《まっこう》に唾《つばき》せん」の下語は、「咄《とつ》。土上に泥を加うること又た一重」。「こら、悟りを開いたというのは、すでに泥をかぶったようなものだ。雪竇、その上におまえさんは唾をかけるのか。汚いことはやめておけ。そうまで親切に言わんでもよいわい」。「浄地上に来たりて屙《くそ》する莫《なか》れ」。「綺麗に掃き清めた砂の上に、糞をしたようなものだ。見られたものではない。親切もいい加減にしておかっしゃい」。

このような言い方をしております。いかがでしょうか。

「無事の衲僧」――夢中に円通を悟る

本則は雪竇禅師が取り上げていますが、それに対して宗旨をうたいあげているのが頌ですから、常識的に見れば一番値打ちがあるのは頌ですね。その頌に対して、圜悟禅師はどのようなことを言っておられるか、読んでみるのも値打ちがあると思います。そこで、頌の評唱を通して見てみたいと思います。

「了事の衲僧一箇を消《もち》うと、且道《さて》、箇《こ》の什麼《いか》なることをか了得す。作家《てだれ》の禅客は、聊《いささ》か挙著するを聞くや、剔起《てっき》して便ち行く。恁麼《かよう》の似《ごと》き衲僧、只だ一箇を消得《もと》む」。

ここが評唱の始まりです。無文老師の訳では、「了事の衲僧一箇を消う、と雪竇は謳い出しておるが、了事とはいったい何が終わったのか。修行が済んだとは何が済んだのか。済むようなものがあるのか。眼の開いた禅僧ならばこんな言葉を聞いただけで、聞くのも汚らわしいと席を立って、さっさと出ていくことであろう。そういう眼のある衲僧にして初めて出来上がったと言えるのだ」。

「何ぞ用いん群を成し隊を作《な》すことを。長連床上に脚を展《の》べて臥すとは」。「跋陀婆羅菩薩一人で結構だ。十六人の菩薩がぞろぞろと一緒に悟ったなんぞと、いらんこっちゃ。真に修行のできた衲僧が一人出れば、日本は明るくなってくることであろう。長連床上に脚を展べて臥すと、これも一つの境涯だ。悪いことではない」。

　この「真に修行のできた衲僧が一人出れば、日本は明るくなってくることであろう」、これも事実ですね。法の上では六祖慧能の存在です。本来無一物という一言が、私たちをどんなに勇氣づけていることか。なぜなら、何も獲得しなくていいわけですから。本来が自覚できればいいのです。それがどんなに私たちの修行を勇氣づけているか。あれもこれも身につけなくてはいけない、というなら、いつ終わるかわかりません。それが神秀上座の世界です。修行は一つ一つが大切ですが、それではいつ修行が出来上がるかわからない。ところが、六祖慧能は本来無一物と教えます。本来にさえ、行き当たればいいのですから、それがどんなに私たちの修行を勇氣づけるか、と言えます。

「古人道《いわ》く、明明として悟法無し、悟了せば却って人を迷わす。長く両脚を舒《の》べて睡れば、偽も無く亦た真も無しと」。「夾山善会大師の詩である。『明明として悟法無し』、真に悟りを開いてみたならば、その悟りというものもない」。本来無一物ですから。「悟了せば却って人を迷わす」。悟りがある、悟りを開いたなどというと、もう人を迷わせることになる。

「長く両脚を舒べて睡れば、偽も無く亦た真も無し」。「もう求むべきものは何もない。求むべき仏もなければ、度すべき衆生もない。このままでいいと大の字になって寝ていれば、そこに偽りもなければ真理もないのだ」と。

「所以《ゆえ》に胸中に一事も無く、飢え来たらば飯を喫《くら》い、困《つか》れ来たらば眠る」。「腹のなかには一物もない。腹が減ったら飯を食い、眠くなったら寝るだけのことだ。これも悪いことではない。無字の境涯とも言える。しかし、正念相続、照顧脚下、一毫の隙もない、これが衲僧の境涯でなくてはならぬ。飢え来たらば飯を喫い、困れ来たらば眠るくらいなら、うちの犬でもやっておる。朝から晩まで寝転んでおるわい。いかにも自然児のようではあるが、それくらいなら犬猫でもやっておる。衲僧の境涯ではない」。

「雪竇の意に道く、你若し入浴して妙触宣明を悟得すと説《い》うも、這般《かか》る無事の衲僧の分上に在っては、只だ夢中に夢を説くに似たりと。所以に道く、夢中に曾て説く円通を悟ると」。

「風呂に入っておって悟ったというのであるが、『長連床上に脚を展《の》べて臥《ふ》す』というようなものは、無事禅だ。そんな禅では夢の中で寝言を言っているようなものだ。『無事これ貴人』だけではいかん。『一人は孤峰頂上にあって出身の路なく、一人は十字街頭にあって向背なし』と、すべからく十字街頭へ飛び出さねばいかん」。

「香水もて洗い来たらば驀面《まっこう》に唾《つば》せんと。恁麼《かよう》の似《ごと》きは、只是《ただ》悪水驀面に澆がんのみ、更に箇《こ》の什麼《なん》の円通とか説《い》わん。雪竇道く、這般《かか》る漢の似《ごと》きは、正《まさ》に好し驀頭驀面に唾せんと。山僧《それがし》は道《い》う、土上に泥を加うること又た一重と」。「そこで雪竇が『香水もて洗い来たらば驀面に唾せん』と謳っておるのである。了事の衲僧だなどと行い済ましている連中に、頭から泥水を引っ掛けておるのである。悟りを開いた、修行が済んだなどと寝言を言うな。そんなところで寝ぼけておらんと、目を覚まして現実の世界に出てこんかい。現実の世界はそんな甘いものではないぞ。そこで圜悟は言うのじゃ。『土上に泥を加うること又た一重』と。雪竇はもう、そんな親切はやめておかんかと。親切にのぼせあがるのは醜いわい」。こういうわけです。親切も程度問題だというのですね。いかがでしょうか。

「いま、ここ、われ」

ここで言われているのは、どうしようもないやつですね。その自覚が大事だと思うのです。修行などというと、綺麗ごととして取ってしまうわけです。そこに一つの弱さが出てくると思うのですね。だから逆手にとって、一無位の真人などは目に見えませんから、なんとでもホラが吹けますね。自分がどんなホラを吹いているかも知らないような人が修行者の中には多いのではないでしょうか。しかし、そんなことで本当の修行と言えるか。むしろ、目に見える方で修行したらいいと思うのです。それが赤肉団の修行です。今回の身体というのはまさにそれです。身体は目に見えるのですから、この身体を基本にして修行したら、いいのだと思うのですね。

そうすると、どうしても、好ましからぬものが主となりますから、けれども本当に水因を悟ったというときには、それすらなくなるわけですよ。ここが大事なところだと思います。多くの人は、いいものを求めて修行するのです。それが得られると思って。けれどもそうではなくて、求めて修行してきたはずの、その好ましいものも消えてなくなる、というのが本当の悟りだと思います。まずそこを求めなさいと公案禅はいうのです。理致の世界、仏の世界です。あれほど自分を悩ませた、自分のどうしようもないものもなくなった、という喜び。それが空という世界だと思います。そうすることが、修行の大事だと思います。しかし今度は、空ということで間違った世界に足を突っ込みかねない。そこで今度は、空を否定しなくてはいけない。向上の世界があることによって、うまく否定に導かれることになっていくのです。

よく「いま、ここ、われ」と言いますね。「いま、ここ」ということにおいては、みな平等です。他を生きているわけではない。身体が「いま、ここ」にある。「われ」が加わることによって、そこに違いができてくると言えると思います。「われ」はただ単に、ここを生きているだけではないのではないですか。どんな未来を、夢を持っているかは、各人違いますね。夢は現実を離れて未来へも飛んでいきます。そして、どんな昔の出来事を大事にしているかも、各人違う。「われ」が加わることによって、違いができてくると思うのです。「いま、ここ」においては同じですが、「われ」が加わると変わる。そうすると、大事なのは「われ」ですね。一番大事なのは自分なんだ、となりますね。

けれども、夏目漱石が弟子に語りかけていますね。その一番大事な自分が、一番頼りなく、どうしようもないのだと。けれども、自分がともかく大事。だから禅では己事究明。自分とはいったい何者か、そこを掘り下げていこうということになるのです。

大事なのは、「いま、ここ」です。絶対の現在。そこを見つけるまでは、絶対の現在ということが問題となって私たちを苦しめるのですが、そこに至ると、絶対の現在ということが、「いま、ここ」ということがあることによって、我々は救われていたのだと氣づくのです。自分を苦しめているとばかり思っていたこいつが、実は救ってくれていたのだと一転換が起こるのです。ここを見つけ出してほしいのです。

だから、Aがいいか、Bがいいか、ということではないのです。今まで苦しめていたと思っていたことがそうではなかった。今までもこれによって助けられていたという世界として捕まえることができるようになる。それが本当の開けだと思います。単なる空による開けではないのです。そこには、内容がなくてはならない。その内容とは、限りがない、きわまりがない、ということです。無限、無窮という言葉がありますが、我々の命がそうだということです。無限に、きわまりなく我々の命はできているのです。だから三昧とか、なりきるという世界を、我々の生き方にしなくてはならないわけです。

では、なりきれば何をやってもいいかというと、そうではない。不思議と、それが、道に通じている、というような、そんな三昧であり、なりきり方です。自然とそこに一つの道ができあがってくる。これが一番不思議な、「妙」だと思います。何とも言えないもの。

以前もお話したかもしれませんが、盤珪禅師の円相がありますね。「いつ見ても、ただ暇そうな、臍の穴」でしたか。太通老師が讃《さん》をして書かれていました。これをどう解釈したらいいか。どういうおつもりで、この讃を作られたか。ここに一つの秘密があるのだと思うのです。花か団子か桶の輪か、という讃の表現はよくありますね。しかし「臍の穴」というのは、私は聞いたことがありませんでしたから、驚いたのですが、あれをどのように見るか。そこに、公案禅の命がかかっていると私は思うのです。あの一句をどのように見るか。それを私は楽しみにしております。それは、臍の穴ですから、まさに身体です。身体の中で、一番大事なところをうたっているのだと思うのです。

昨日も、鈴木大拙に関心を持って、よくお書きになっている方が訪ねてこられたのですが、その時にまた来月、会う約束をしました。それまでにこの句の心を、良くも悪くもこれからの公案禅の運命が託されているのですから、解いてきてくださいと宿題にしました。それは身体です。結局、目に見えるもの、形あるものは、うそ偽りは言えませんね。だからそこで、修行ということが本当にできるのだと思います。目に見えないものは、当人がこうだと言えば、そうかと思います。でもそれはホラ吹いているのかもしれません。身体はホラが吹けません。形あるところで、本当に力がついていくのだと思います。

みなさんのお力を借りて、碧巌録提唱が終わろうとしていますが、私は一番言いたいことをまだ言っていません。それを近くやってみようと思っています。私の場合は、こうですと、公にして、それに対してみなさんから何か言っていただきたいと思うのです。私が一番言いたいことに、今まで私が語ってきたことが集約されると思うのです。ただ、そのために、それを読み取ってもらいたいがために、ああでもない、こうでもないと、これまで言ってきたようなところもあります。これまで語る機会もなく、ここまできましたから、最後にまとめたいと思っています。

やはり、真実、真理はひとつだという感じがしているのです。みんなひとつだと。ひとつだというのは絶対ということです。だから「なんと多くの絶対のあることよ」という鈴木大拙の言葉と通じていくわけです。そこらあたりのところを、文字にしてみたいと思っているのです。それができたら、本というかたちからは離れようと思っています。法話会は続けますが、文字からは離れようと思っています。そして、別のことをしようと思っています。真理も、大事なことも無限にあります。それがひとつなのだという思いが、どうしてもするのです。

一切の声は是れ仏の声——第七九則「投子一切声」

【垂示】垂示に云く、大用現前《だいゆうげんぜん》して、軌則を存せず。活捉生擒《かつそくせいきん》して、餘力を労せず。且道《さて》、是れ什麽《いか》なる人か曾て恁麽《さよう》にし来たる。試みに挙《こ》し看ん。

【本則】挙す。僧、投子《とうす》に問う、「一切の声は是れ仏の声と、是《ぜ》なり否《や》」。投子云く、「是なり」。僧云く、「和尚、㞎沸碗鳴《とくふつわんみょうしょう》声すること莫れ」。投子、便ち打つ。又た問う、「麤言及び細語、皆な第一義に帰すと、是なり否《や》」。投子云く、「是なり」。僧云く、「和尚を喚《よ》んで一頭の驢《ろば》と作《な》して得《よろ》しきや」。投子、便ち打つ。

【頌】投子、投子、機輪阻《はば》むもの無し。一を放って二を得たり、彼《かしこ》に同じく此《ここ》に同じ。憐むべし限り無き潮を弄する人、畢竟還《ま》た潮の中に落ちて死す。忽然《もし》活せば、百川倒《さかしま》に流れて鬧聒聒《どうかつかつ》たらん。

現成公案

碧巌録百則の一則一則に参究するのを、「古則公案に参ず」と言いますね。それに対して現成公案があります。現実の問題です。我が身に降りかかっている現実の問題にどう対処するか。これを古則公案に対して、現成公案と言います。今回はその現成公案になっています。垂示から始めます。「恁麼」に「さよう」と振り仮名がふってありますが、昔の読み方だと「いんも」ですね。非常に良い意味をもたせていると思います。何よりもこの本則こそが、そのいい例だ、と言っています。

「大用現前《だいゆうげんぜん》して」、大きな働きが目の前に現れてくる。そこには「軌則を存せず」、軌則など何もない。大用であるからには、軌則などくそ食らえだ、と言っているわけです。「活捉生擒《かっそくせいきん》して、餘力を労せず」。生きたままの現実を捕まえるのだ、生のまま捕まえるのだ。余分な力は全然使わない。では何を使うかというと、本来の力を使うというのです。父母からいただいた命の力を使うだけなのだ。その他の力は全然使わないと言い切っているのです。そんな例はどこにあるか。

「且道《さて》、是れ什麽《いか》なる人か曾て恁麽《さよう》にし来たる」。何よりもいい例がこの則であるから、これを見てくれ。これ以上のお手本はないぞ、と本則の値打ちを強調しているのです。

　本則を見てみましょう。「挙す。僧、投子《とうす》に問う、一切の声は是れ仏の声と」。一切の声は仏の声ですか、「是《ぜ》なり否《や》」。それでよろしいですか、と聞くわけです。

「投子云く、是なり」。投子はそうだ、と答えます。間違いない、とはっきり答えるのです。すると、僧が加えて聞きます。

「僧云く、和尚、㞘沸碗鳴声《とくふつわんみょうしょう》すること莫れ」。これはどう取ったらいいでしょう。「㞘沸」は、お椀にお湯を入れると、そのお湯の力でお椀が音を立てるそうです。その音も仏の声ですか、と尋ねるわけです。注記では「プップッと湯氣をふき出す碗の音」とあります。続けて「無意味な発言の喩え」と。お椀が音を立てるのですから、無意味だと。それも仏の声ですか、ということですね。

「投子、便ち打つ」。すると今度は、投子はぴしゃりと一棒食らわせたというのです。すると、僧が懲りずにまた尋ねます。

「又た問う、麤言及び細語、皆な第一義に帰すと、是なり否《や》」。麤言は荒っぽい言葉、細語は細やかな言葉。荒っぽい言葉も細やかな言葉も、言葉自身がみな第一義を述べていると思ってよろしいですか、と聞きます。

「投子云く、是なり」。投子はまた、そうだと答えます。

「僧云く、和尚を喚《よ》んで一頭の驢《ろば》と作《な》して得《よろ》しきや」。僧侶はさらに図に乗って、和尚さんを一頭のロバだと言ってよろしいですか、と聞くのです。すると、「投子、便ち打つ」。ここでも、ぴしゃりと一棒を食らわせた。

ここで本則は終わっていますが、これが一番いい例だと言っているわけです。

「大死」とは

今日は順を追って頌に入りたいと思います。

「投子、投子、機輪阻《はば》むもの無し」。これが出だしです。中国の人の書く文章、とくに詩などは、一番の中心、課題をトップに持ってくるといいます。「投子、投子」と頭に持ってきていますから、投子はなんと素晴らしいお方なのだ、ということです。これが雪竇禅師の投子の見方なのです。素晴らしい方だとは聞いていたけれども、この本則を読むとよくわかる、という感じですね。

「機輪」の「機」は、投子和尚の働き。つまり、目に見えないものです。輪は見えますが、機は見えません。目に見えない心の働きが車輪となって回っていく。そこに人を寄せつけるものはない、という感じです。誰がなんと言おうと、投子和尚の働きは、人に文句を言わせる隙間がない。風の吹き入る隙もないぞ。そういうかたちで、目に見える輪となって進んでいく。

「一を放って二を得たり」。一を放って、全てを獲得してしまった。否定と肯定、肯定と否定、最初に肯定した時に、そこに否定も含まれているのだ、ということだと思います。二つ目は罰棒ですが、単なる罰棒ではなく、そこに意味があるのだ、ということを雪竇禅師は投子の本則に見て取っていると思います。

「彼《かしこ》に同じく此《ここ》に同じ」。それは、別のことでは決してない。肯定の中に否定を含み、否定の中に肯定を含んでいるというのが、投子和尚のすべてに言えるのだ。あそこでもここでも、投子和尚のやったことは同じことだと言っています。

「憐むべし限り無き潮を弄する人」。これは雲水です。「畢竟還《ま》た潮の中に落ちて死す」。この修行僧は潮の中に落ち込んで死んでしまった。

「忽然《もし》活せば、百川倒《さかしま》に流れて鬧𦫿𦫿《どうかつかつ》たらん」。雪竇が言いたかったことは、ここにあると思います。雪竇の投子に対する見方ですね。注記を見てみましょう。「鬧𦫿𦫿」は「ごうごうと水の流れるさま。高潮が満ちてくる轟き」。これが直訳です。ここをしっかりと見て取れ、と雪竇は投子の境涯を述べているのです。

一番大事な最後のところを見てみたいと思います。例えば、頌ですと、大事なことを最初に持ってくるのですが、一番最後の締めも大事ですね、結論ですから。結論が「百川倒《さかしま》に流れて鬧聒聒《どうかつかつ》たらん」ということなのです。そこで、直訳で考えてみたいと思います。

「憐むべし限り無き潮を弄する人」の「潮を弄する人」はどういう意味でしょうか。憐むべし、可憐と、非常に思いを入れている、同情しているという感じが出ていると思います。これは質問した僧侶だと見ていいでしょう。最初は肯定されて、最後は棒を食らって否定された修行僧を「潮を弄する人」と言っているのだと思います。

潮となって逆流してくることにたとえているのだと思います。満潮になると潮が満ちて、川の水が逆流するのだそうです。川の上流へ向かって水があふれてくる。ごうごうと流れていく。その潮に乗って、上流へ向かって遡る、潮そのものの質問者。

しかし、またそれとは逆の流れがあるのです。川の自然の流れです。山があり、山全体の河水が、上流から流れてくる。「憐むべし限り無き潮を弄する人」。大自然の河川の力の方が強い、ということですね。押し返されて、死んでしまうしかない、というのです。「死」という字がありませんか。「畢竟還《ま》た潮の中に落ちて死す」とありますね。結局、潮の中に落ちて、潮そのものも大自然の力に負けて、死を迎える。

問題は、ここからです。この死を「大死」として受け取るのです。そこから復活できるかどうか。これがこの則の鍵、一番の狙いどころです。そう思って、ぜひ参究していただきたい。これが現成公案です。

この死に面して、どうして生き返るか。生き返るには、単なる死ではだめなのです。大いなる死、大死に持っていかなくてはいけないのです。どのようにこの死を、現成公案の死を、大死に持って行き、生き返ることができるか。ここに投子が言いたいことがあるわけです。どうでしょうか。単なる死ではなく、大死と取れ。そこにこそ秘密があるぞ、というわけです。その秘密とは、どのような秘密でしょうか。

「絶後に蘇る」

少し、頭を切り替えるためにお話をします。西田幾多郎という方のお話です。有名な哲学者ですが、西田にどんな言葉がありますか。哲学者の言葉ですから、ご存じなくても当然ですが、似たような匂いを思わせる言葉があります。

西田幾多郎は鈴木大拙と同じ年の生まれです。一八七〇年。西田、鈴木とほぼ同じ時代を生きた西洋の思想家に、ロマン・ロランという人がいます。昭和一九年に亡くなっていますが、西田は昭和二〇年六月、終戦の前に亡くなっています。この二人を追っていくと、東洋と西洋の二つの流れが非常につかみやすいような氣がします。

西田幾多郎に「逆対応」という言葉がありますね。まさに投子和尚の行動は逆対応です。しかし、単なる逆ではなくて、肯定の言葉の中にも逆対応で、一棒を含んでいるのです。これを頭のどこかに置いておいていただきたいのです。

頌の最後に出てくるところを見てみましょう。著語も読んでみます。そうして逆対応に参じてみたいのです。「畢竟、還《ま》た潮の中に落ちて死す」。ここに死が現れていますね。これは雪竇の頌です。これに対して、宋時代の大変な頭脳を持った切れ味鋭い圜悟禅師がどのような下語を置いているか、見てみたいと思います。

「畢竟、還た潮の中に落ちて死す」。圜悟禅師の下語は、「可惜許《おしむべし》」。ああ惜しい。「争奈《いかん》せん這《こ》の圏繢を出づること得ず」。この穴から出ることはできまい。この死を跳ね除けることはできない。「愁人は愁人に向って説《い》うこと莫れ」。「愁人」とは憂える人。こういう死の経験を、この歳まで生きていると誰しも持っています。浅かれ深かれ、死から免れえないという現実の経験を何度かくぐってきたと思います。そういう経験があった者からすると、思い出しても悲しくなるから言ってくれるな、と表面では言っています。

次に頌ですが、「忽然《もし》活せば」。これこそ言いたいことなんだ、というのですね。そこに圜悟の下語が入ります。「禅床震動し」。投子和尚が座っている椅子、大和尚として鎮座している床ごと、ひっくり返して、「山僧《それがし》を驚殺《おどろか》す」。山僧ですから、圜悟禅師その人が、思いもかけぬことをやったな、「也た倒退三千里せん」。生き返ったな、と驚くと、三千里も下がって、そして礼拝する、という感じですね。三千里も後ずさりして、修行者に向かって頭を下げよう。

そういう働きができて初めて、死を大死として復活できるのだ。それをやって見せてくれ、というのが雪竇の思いであり、圜悟の思いであるわけです。ここで、みんなが一つになるのです。そう思っていただきたい。

それがどうして可能か。なぜ単なる死ではなく、大死と受け止めて、そこから復活するのか。「大死一番、絶後に蘇る」ですね。死んで生きるが禅の道、と言いますが、その道をたどることができるか。ここが肝心要で、今日のすべてはここにかかっていると思うのです。最後のところを見てみましょう。頌に、「百川倒《さかしま》に流れて鬧湉湉《どうかつかつ》たらん」。それでこそ百川が潮となって流れ、生き返る。上から流れてくる百川と、潮となった流れが一つになって、ということです。これを頭に入れておいてください。非常に大切なところです。

圜悟の下語です。「嶮《あや》うし。徒労《いたずら》に佇思《ちょし》す」。いたずらに考えるな、危ないぞ。考えてわかることではないぞ、ということです。「山僧は敢て口を開かず」。そうなったら、自分は何も言わない。「投子老漢も也た須是《すべか》らく拄杖を拗折《へしお》って始めて得《よ》し」。投子も何も言わない、と圜悟禅師は言います。修行者を叩いた杖も喜んでたたき折ってしまう。不必要だ。そうして黙って下がっていくぞ、というのです。

それくらい大死一番して生き返ることが大事なのです。どのような危機に臨んでも、それをどうやって切り抜けるか。誰にも文句を言わせずに切り抜ける方法とは何か。それをなんとかして身につけてほしいというのが、この則の値打ちのあるところです。

「わけがわからなくなるまで坐れ」

逆対応はしばらく置いておきましょう。大津櫪堂老師の言葉が上田閑照先生を通じて伝わっています。大津櫪堂老師は山田無文老師の先輩にあたる方です。その言葉からしても、本当に禅宗坊主らしい禅宗坊主です。「坐ったら、わけがわからなくなるまで坐れ」と言っています。これはどういうことでしょうか。

細かい解釈は老師はしていませんし、閑照先生もしていませんが、あえて言えば、煩悩はもちろん、その煩悩の反対の素晴らしい氣持ち、そのどちらもあってはだめだということです。煩悩はもちろんあってはならない。

しかし、坐れば必ず定力というものがつくのですから、——定力とは、禅定によって人に自ずと現れる力です。禅定による力、これがつくことによって、今まで感じられなかったことが感じられてくる。本当に坐りこむと、小さな音が大きく聞こえるなど、人によって違いますが、それは禅定力がついたことによって起こるのです。あたりがしんとなってくる。そしてほんの少しの音、線香の灰が落ちる音も聞こえてくる。これは禅定力のなせる業です。

そのうちに仏さんも現れてくるというのです。おまえさん、感心だな、と声をかけてくれる。いろいろな、それまでなかったようなことが起きます。肝心なのは、そのように仏さんに声をかけてもらった時の対処ですね。

その両方ともが、だめなのだというのです。その両方とも否定している言葉だと思っていただきたい。仏さんから褒められると、そういう思いがある限り、人間の判断は狂うと思いますよ。本当の判断はできないと思います。だから、それも無くさなくてはならないのです。それが「わけがわからなくなるまで坐れ」ということです。煩悩はもちろん、いいものも、仏さんに褒められたというようなものも、ごっちゃになってわけがわからなくなるまで、坐ることを老師は要求しているのです。その時、何が起こるか。それが極めて大事なことであると思うわけです。

そういう状態まで進んだ時、例えば雨だれの音が意味をなすのだと思います。普通なら、ポツンという音が、そんなありふれたものでなく、聞いたこともないような轟音として耳をつんざくこともある。それは事実なのですから、どうしようもありませんね。耳に飛び込んでくる事実です。単なる禅定力を打ち破り、そこに新しい世界のあることを知らしめてくれるのです。それがまさに、死から大死へ一転したことです。同時に死から生へと一転するところの事実だと思います。

こういくかどうか、です。これは、その時の縁を待たないわけにはいきません。人間というのは、本当に迷うようにできていると思います。つくづくそう思います。その人の禅定力に任せるしかないのです。私たちがなんとも言えないところだと思います。

禅定力——死んで生きる

いつもお話していますが、釈定光老師という素晴らしい老師がいらっしゃいました。素晴らしい精神力もお持ちだった方です。若い時にはすごかったと言います。禅の修行を終えまして、比叡山に止観を学びに行っていた時に一緒になった人、のちに明治大学の政治学の先生になった方ですが、その人に向かって言ったことが、その先生を通じて残っています。

「自分は今の禅坊主のあり方に、大いに不満だ。怒りすら感じている。あからさまに言えば、心のうちでは禅坊主を皆殺しにして、寺を焼き払ってしまいたいくらいの氣持ちだ」。こんなことを若い頃に言った方です。

この方が、関東大震災に遭うのです。その時には静岡から東京へ、講話をするために向かっていたところでした。電車が止まります。死亡者も出た。その電車の中で介抱をしたりしたのです。

もともと体の弱かった方ですが、終戦時には何もできないくらい、病床に臥せっていた。その時、信者さんたちはどのようにその老師に対したかというと、誰かが必ず、入れ替わり立ち替わり、食べ物を届けていたそうです。非常に徳の高い方ですから、食べ物には事欠かなかったのですね。

ところが、ただそれだけのことですが、そんな素晴らしいお坊さんでも、ふと魔がさすのですね。死のうと思うのです。どうしてか。自分は何もできない。第二次大戦の終末期、まだ原爆は落とされていなかったのでしょうが、大変な時です。その時に、自分がいなくなれば、自分に届けてくれた野菜が誰かの口に入る。何もすることができない自分ではなく、困っている誰かの口に入る。ただそれだけのことで、自殺しようと決意するのです。まさに、魔がさした以外の何ものでもありません。

それで、実行しようと橋に立つのです。黄瀬川という綺麗な川があり、そこへ飛び込もうとした時、町の世話人でしょうか、カンテラをあちらこちらにかざしていたというのです。その光がふと、定光老師の目を射抜いた。ただそれだけです。それでふっと思いとどまった。

これは老師の禅定力の力です。思いとどまる方に働いた。そしてハッと、思いとどまり、病身をもって、終戦を迎えます。終戦直後、西に東に法話をして回り、昭和二三年に亡くなっています。亡くなった時、どういう言葉を残したかというと、これがまた素晴らしいのです。「大空無相」と、こういう言葉を残しているのです。

「大空無相の般若の法門は、まことにありがたい」と言って亡くなったそうです。これが素晴らしいと思います。かつて迷った時は、得失があったわけです。ところが三年後には、それが取れたということでしょう。どうでしょうか。自分がここで亡くなっても、世の中は少しも変わらない。こういうところに安住できたということだと思います。だから、安心して死ねる。自分一人が亡くなっても、世の中はちっとも変わらない。そこで大安心して死を迎えられた。こういうことだと思うのです。

神戸大学の坐禅会では、『ブッダ最後の旅』という、お歳を召されてからの釈尊の行状を読んできました。その時の話に出ていますけれども、亡くなる、死ぬというのは、自分の氣持ちだけで死んでは行けないのだと。まさに自殺は肯定していないのです。この世に生まれてきて、すべての縁を尽くして、初めて涅槃に入れるのだ、という教えが書いてあります。自分勝手に涅槃に入ってはいけないのです。体を使えるだけ使って、その上で初めて、涅槃に入れるのだ、という文章があります。まさにこういうことだと思います。安心して死ねるということは、こういうことだと思います。

臨済録で言えば、「赤肉団の学道」ということです。切れば血の出る、この身体で道を学ぶ、ということだと思います。赤肉団は形のあるもので、目に見えます。これを前面に立てて、道を学ぶのだ。「身心」と書く時に、仏教では必ず「身」を先に書きます。医学では「心」を先に持ってきますね。だから「心身」です。けれど、禅は「身」を前に持ってきます。つまり、赤肉団があるところに、必ず心、目に見えないものが宿るということです。一無位の真人という、目に見えないものが必ず宿るのだということです。

この二つが一つとなるところ。それがわけのわからなくなるまで、という世界でしょう。それが一つになって、しかも禅定に入っている時、――坐禅とは限りません、動中の工夫でもいいでしょう、何かに三昧になっている時、そういう時、外から何かが飛び込んでくる。三昧を破って、妙音となって、響いてくるのです。今まで聞いたことのなかったような音として飛び込んでくる。それが「死んで生きる」ということでしょう。「大死一番、絶後に蘇る」です。

わけがわからなくなったところが、大死、死に切ったところです。それでもなお、三昧に入っていると、それを打ち破ってくれるものが外から起こる。しかし、それを受けとるには、禅定力が必要です。その禅定力によって、ひとつの新しい生が訪れる。こういうことになるわけです。

大事なのはそこなので、そういうことが起きたら、「投子老漢も也《ま》た須《すべか》是らく拄杖を拗折《へしお》って始めて得《よ》し」。投子老漢も大喜びで、その雲水を打った杖をへし折って、もう必要がありませんから、喜んで引き上げるだろう。こういう言い方をしているのです。

顛倒ということ――「窮・変・通」

頌の評唱の最後を読んでみましょう。

「畢竟還《ま》た潮の中に落ちて死す。雪竇這《こ》の僧を出だして云く、忽然《もし》活して、便ち与《ため》に禅床を掀倒《くつがえ》さば、投子も也《ま》た須《かなら》ずや倒退三千里せん。直得《つい》には百川倒《さかしま》に流れて鬧聒聒《どうかつかつ》たらんと。唯だ禅床震動するのみに非ず、亦乃《すなわ》ち山川岌嶪《きゅうがく》として、天地陡《にわか》に暗し」。ここが、わけがわからなくなったことを形容しているのでしょうね。

「苟或《もし》箇箇《かく》此の如くならば」。私たちが出会う出来事の一つ一つが、ここまでくれば、「山僧且《まず》は退鼓《たいく》を打たん」。自分はまず、退散の時に打つという太鼓を打って、この山を去るというのです。ここでの住職の仕事は終わったというのです。

「諸人什麼処《いずこ》に向《お》いてか安心立命《あんしんりつみょう》せん」。定光老師が安心して亡くなったように、この山を去るというわけですが、みなさんは、どんなところで安心立命されるかな、ということでしょう。いかがでしょうか。

最後に、無文老師の提唱がやはりいいので、少し読みます。「這の僧を出だして」というところを、無文老師は「罠から出して」と言っています。一度罠にはめるそうですが、そこから出して自由にして、ということなのでしょう。

「そこで雪竇は最後の句で、この僧がその罠から飛び出し、本当に目が開けておったならば、是と言ってその言葉の中で安住しておる投子の曲彔をひっくり返して、これでも是でござるか、と迫れば、投子もすごすごと帰っていったであろう。『忽然活せば、百川倒に流れて鬧※※』と謳っている」。こうやらなきゃだめだ、と言っているのですね。

「本当にそういう働きができるならば、ただ曲彔がひっくり返るどころではない。山も川も谷も何もかもがひっくり返る」。これが大死です。「何もかもをひっくり返して天地も真っ暗になるであろう」。この真っ暗というのが、わけがわからなくなるということです。

「大地震さながらである。そういう働きがこの僧になかったことは残念なことだ。そういう働きができる雲水が、一箇半箇でもいい、出てきてくれたならば、老翁も安心して、この庵を引退するであろう。そういう男が出てきたら、諸君はいったいどうするつもりじゃ。そういう働きのできる雲水が出てこんか。十年、二十年かかって公案を覚えて、それを一つ一つ雲水に教えていくような公案の先生ではだめだ。そんなものが師家ならば、テープレコーダーで公案をとっておいたらいい。コンピューターに参禅する方がよっぽどいい。真の眼の開けた道人が出てこんことには、日本の禅はもうおしまいだ。真の見性をしておるならば、公案は無字一則でいい。白隠禅師以前は、皆一つ二つでよかったのだ。唐宋の時代には、一言で悟ったのだ。何も千七百の公案だと一つ一つ数えることはいらん。何でも一つ、見性せねばならぬ。自分の納得のいく、そういう自信のある見性をしてこなければいかん。他人事ではない、自分のことだ、そう思って皆一つ、骨を折ってもらいたい」。こう言って、無文老師の提唱は終わっているのです。

ちなみに、その前に少しさかのぼりますと、無文老師いわく、「雪竇はここまで投子を褒め、謳ってきたのであるが」。投子、投子、と謳ってきたのですね。けれども、「一番最後にこの僧のことを謳っているのである」。この僧のことまで謳っているのだ、というのですね。「『憐むべし限り無き潮を弄する人』と、この僧は相手の陣地に飛び込んで、敵の軍旗を奪い、太鼓を奪うが如き勢いで、『和尚、豚沸碗鳴声すること莫れ』といい、『和尚を喚んで一頭の驢と作して得しきや』と言って、投子に斬り込んできたのであるが、これが逆潮に飛び込んだというところであろう。この僧としては、無眼子なりの力を精一杯持ち出してきたのであるが、投子が是と言われた、その言葉の虜になってしまっているのである。その言葉からもう、外へ出ることはできぬのである」。

人間弱いものですから、褒められると褒められたところから出ることができないのですね。「是」が頭から離れないのです。「是という投子の罠に引っかかってしまっているのである。そこでこの投子に、このバカ坊主めが、と叩かれたのである。結局この僧、逆潮の中を泳ぎきれずに、とうとう潮の中に溺れ死にしたというところであろう」。そうして最後には、どうしたらいいかを書いているのですね。

ですから、なんでもいいのだということです。ともかく、顛倒なのです。ひっくり返せばいいのです。今まで悪態をついていた投子も大いに安心して、叩いた杖をへし折って、帰っていくというような事態をそこから引き出せばいいのですね。答えなどないのです。引き出せるような働きなら、どんなものでもいいのです。そういう働きを、我々一人一人が現成公案、現実の出来事に即して創り出すことが大切なのです。理屈ではないのですから、その理屈をひっくり返していけばいいのです。それこそが生きた禅ということでしょう。

そこに私たちが人間である値打ちが出てくると思います。「法は人に依って尊し」という言葉がありますね。そして、人ということに対して、働いたのが臨済禅師ですね。だから臨済録は面白いということになるのでしょう。大いに活潑潑地に賓主互換、賓と主が入れ替わったり、組んずほぐれつしながら、ある時は主となり、あるときは賓となって、やりあっていくわけですね。

ですから、私たちもどんな窮地に陥っても、そこから「窮・変・通」、窮して、変じて、通じていく。そういうコースをどのようにたどれるか、ですね。そこに本当の、禅に参じたありがたさが出てくるのだと思います。このあたりを一番よく示してくれるのが、向上の世界なのです。活機の禅なのです。

茫々たる急水に毬子を打つ――第八〇則「趙州孩子六識」

【本則】挙す。僧、趙州《じょうしゅう》に問う、「初生《うまれたて》の孩子《あかご》は還《は》た六識《ろくしき》を具する也無《や》」。趙州云く、「急水上に毬子《きゅうす》を打つ」。僧、復た投子に問う、「急水上に毬子を打つと、意旨は如何」。子《とうす》云く、「念念、流れを停《とど》めず」。

【頌】六識無功一問を伸ぶ、作家《てだれ》曾て共に来端を辨ず。茫茫たる急水に毬子を打つ、落処停まらず、誰か解《よ》く看ん。

「急水上に毬子を打つ」

八〇則は垂示はありません。本則と頌だけです。まず、本則を読んでみたいと思います。「僧、趙州《じょうしゅう》に問う」。あるお坊さんが、名だたる和尚である趙州和尚にお尋ねした。「初生《うまれたて》の孩子《あかご》は還《は》た六識《ろくしき》を具する也無《や》」。六つの識。般若心経でいう、三科の法門のひとつだと思いますが、「眼・耳・鼻・舌・身・意」と般若心経では説きます。私たち人間には、目で見、耳で聞き、鼻で香りを嗅ぐなど、六つの働きがありますが、それは必ず何かと結びつくわけです。目は色を見る。耳は声を聞くなど、六つがそれぞれ対応する識があります。生まれての赤子も、大人の私たちと同じようにまた、そうでしょうか。そう問うていると思います。

その問いに、圜悟克勤禅師という宋時代のお坊さんが付した下語（著語）があります。下語とは、たとえば芝居で観客が野次を飛ばしますね。その野次だと思っていただければいいでしょう。これがすごいことを言うのです。

「閃電の機。什麼《なん》の初生《うまれたて》の孩児子《あかご》とか説《い》わん」。こう投げかけています。この質問を非常に高く買っているのです。「閃電の機」はピカッと光る稲光りを言うのですね。無文老師の解説を読んでみますと、「圜悟禅師が、閃電の機と言葉を投げつけたところ、稲光りがピカッと光ったような働きじゃ。なんとすごい質問ではないか。下手なことを言うと、この男に首を取られるぞ」。このように趙州和尚に注意をしている。名だたる趙州和尚に対して、こんな質問を投げかける僧は只者ではない、というのが圜悟禅師の見方です。続けて「什麼の初生の孩児子とか説わん」とありますが、そこは無文老師は「何も赤子のことを言っておるのではない。何ともすごい、命取りの質問じゃ」としています。この僧の質問を非常に高く評価しているのです。その質問を受けた趙州和尚はここで、何と答えているか。

「趙州云く、急水上に毬子《きゅうす》を打つ」。急水上ですから、急流。流れの急な谷川に、浮かんだり沈んだりして流れていく鞠を打つようなものだ。これがいったい、どんなことを示しているのか。

趙州和尚の答えについて、無文老師の訳を見ますと「谷川の速い流れにゴム鞠を放り込んだようなものじゃ」とされています。白隠禅師は「さすがに趙州だ。趙州禅師でなければこんなことはできん。こんな答えは出てこない、奇想天外の言葉じゃ。頭で考えて出てくる言葉ではない」と絶賛しておられるそうです。無文老師はやさしく説いてくれますね。

もう少し読んでみますと、「谷川の上をポンポンと水に押し流されて自然に流れていく。流れようとも思わん、流れてはいかんとも思わん。極めて自然にありのままだ」。流れるボールのことを言っていますが、「波のまにまに流れていく。意識があるでもないでもない。

あるに違いないが、ありとは意識しない。見たらそのまま、聞いたらそのまま、匂いを嗅いだらそのままだ。先へ先へと流れていくから、意識はどこにもとどまるところがない」。それが投子和尚の答えに通じていくのですね。「念念、流れを停《とど》めず」と。

ですから、二人は同じ僧に答えているのですが、投子和尚の答えはしっかと趙州和尚の腹のなかを見極めているわけですね。趙州和尚の腹を見て取って、こう答えたのでしょう。

どうしてこういう答えが趙州和尚の口から出たかが問題ですね。ひとつ間違えると命取りになるぞ、と圜悟禅師が心配するような、すごい質問をぶつけられたのに、趙州和尚は迷いなく、「急水上に毬子《きゅうす》を打つ」と答えた。その心を問われた投子和尚は、「念念、流れを停めず」と答えた。どうしてこんな答えが出るのでしょうね。いかがですか。

赤ん坊は夜泣きもしますし、障子も破る。昔、檀家さんの家などに行くと、下の方の障子はみんな破られていて、ああ、小さい子がいるのだな、とわかりました。そういう一面も持っているわけです。ところがそれをものともせず、趙州和尚がスパッとああいう答えを出せる。それはなぜでしょう。

赤子は、いいところだけではありません。大人からみると困るところも持っている。それにもかかわらず、こういう答えが出せる二人の名僧の腹の中を、どう掴めばいいのでしょう。そこが大事なのだと思います。解釈の問題より、どうしてこういう答えを、こういうときに出せるか。それこそを問題にしなくてはいけないと思うのです。

「念念、流れを停めず」

赤子は、いい面もあり思わしくない面もある、しかしズバッとこんな答えを出せる。趙州和尚も子供を育てた経験はないはずです。それなのに、なぜか。

大人になるとどうなるか。無文老師の提唱の中では、「ところが大人はそうはいかん」と言います。大人になると自分のことはわかるわけですが「見たら見たものに捉われ、聞いたら聞いたものに捉われ、匂いを嗅いだら嗅いだ匂いに捉われ、舌で味わったら味に捉われ、触れるものに捉われ、心で思えばますます捉われる」。

触れるものに捉われ、というのは、十六開士のお風呂に入って、というところがそうですね。「朝から晩まで捉われて生活しておる。酒に溺れ、女に溺れ、名誉に溺れ、泥沼に石を放り込んだように沼の中に沈んでいくのが凡夫だ」。我々凡夫ですね。

「しかし生まれたての赤子はそうではない。速い谷川の流れをゴム鞠が流れていくようなものだ。沈みはせん。浮いたままで波に打ち上げられたり、また水の中に潜ったり。サラサラと先へ先へと流れ、いっときも止まってはおらん。悟りを開いたものは、見て見たものに捉われず、聞いて聞いたものに捉われず、匂いを嗅いでも捉われず、味わいにも捉われず、触れるものにも捉われず、なにものにも捉われないから六根清浄だ」。

ここに秘密の一端が出ていると思います。「悟りを開いたものは」と言っていますね。本来底ですね。我々凡夫の事ではない。白隠の言葉を使えば、「衆生本来仏なり」という本来底をもって、この答えを出しているということでしょう。

それはそれにしても、どうしてスッと本来底を出せるのか。それが趙州和尚の力でしょうね。また、それを脇から固めた投子和尚の言葉だと思います。それは、一人一人によって違いがあってもいいはずです。そういった例が評唱の中に出ていますので、じっくりと目を通してください。

たとえばその一人の例として一燈園の西田天香のことを、この本則を受けて無文老師は、ご自身の提唱の中で述べています。西田天香さんとは親しく付き合われましたので、そのありようをよくご存知だったのですね。読ませていただきますと、我々はなかなかこうはいかないだろうと思います。しかし、実際に天香さんはこう生きたのです。すごい人なのだということが、読むとわかります。

無文老師の提唱録ですが、続けて「一体、趙州の答えでわかったかわからなかったのか、のちになって投子和尚に尋ねたのである。わからなかったから投子に尋ねたのか、わかったから投子を試験するために尋ねたのか。だとしたら、どこまでも意地の悪いやつだ」。このように無文老師はおっしゃっています。

「僧、復た投子に問う、急水上に毬子を打つと、意旨は如何」。趙州和尚にお尋ねしたところ、このように答えてくれましたが、どのような意味でしょうか。投子のところへ行って、そのように尋ねると「子云く、念念、流れを停《とど》めず」。

「一念一念、ひとつところに止まってはおらん。この趙州あって、この投子ありだ。趙州の言葉も見事であるが、投子の解説もまた見事である。どこへ流れていくとも考えない。なぜ流れていくとも考えない。その時その時だ。後には何も残さない。趙州といい投子といい、まことに見事な答えをされておる。碧巌録の中でもこの一則は特に光っておる。古人もそう批評されておる」。無文老師はこう結んでおられます。

趙州と投子の境涯

それではひとつ、その奥にある雪竇禅師の頌を参究しましょう。この碧巌録は『雪竇頌古』とも言われているわけですね。雪竇禅師が問答を百則選び出し、その一つ一つに頌という、宗旨のこもった漢詩を創られた。その漢詩が素晴らしいので、圜悟禅師が取り上げて、垂示をつけて提唱された。下語も評唱もつけ、一冊の本ができあがった。それが碧巌録です。どのような氣持ちでこの話を百則のうちの一つとして選んだか、頌を見てみたいと思います。

「六識無功一問を伸ぶ」。生まれたばかりの赤ん坊には、ものの判断ということができないのではないですか、と僧が尋ねた。それが「六識無功」。六識は備えているのかどうか。大人の私たちには間違いなく備わっているけれども、生まれたての赤子はどうですか。ものの判断ができないのではないですか、と尋ねた。

「作家《てだれ》曾て共に来端を辨ず」。趙州は「急水上に毬子を打つ」と答えられ、投子は「念念、流れを停《とど》めず」と答えた。「曾て」とありますね。僧が趙州和尚に会う前に、ということです。質問に先んじて、二人は出会っている。そして互いに肝胆相照らした仲でもあります。そこが「作家《てだれ》曾て共に来端を辨ず」という一句になっています。投子と趙州がかつて、問答したことがある。

　これは第四一則に出ています。趙州が投子を訪ねて行った。趙州和尚の方が年上だったと思いますが、行脚している頃でしょうか。六十歳からはじめて八十歳まで再行脚したと言います。昔、投子を訪ねて質問したことがある。「大死底の人、却って活する時如何《いかん》」。一度死に切った人が生き返った時はどうでござるか。こう趙州が投子にお尋ねした。すると投子は「夜行を許さず。明に投じて須らく到るべし」。夜に行ってはだめだぞ。暗闇を行くな、ということです。「明に投じて須らく到るべし」は、昔の人が面白く訳しています。明るくなったら行きなされ、とも取れますが、どういうふうに解釈しているか、また話す機会もあるでしょうが、無文老師の訳では「明るいところを行け」。明るくなったら行きなさい、ではなく、明るいところを行けと、微妙な訳をしています。

「碧巌録四一則の公案である。投子と趙州とはすでに相見済みである。お互いに相手の肚の中を知り切っている間柄である」。この四一則の問答があることによって、互いの肚の中をよく理解し合えていた。「いわんや、この僧の言わんとするところくらいはもうわかっておる。赤子の心はどこにも止まらない。私も無心で、我もなければ世界もありません、というのがこの僧の肚だろう。『大死底の人、却って活する時如何』と、かつて趙州が尋ねたところと、『初生《うまれたて》の孩子《あかご》は還《は》た六識《ろくしき》を具する也無《や》』と、この僧が尋ねたことは相通じるところがある」。だからこそ、圜悟禅師は極めて褒め称えたのだと思います。なかなか鋭い質問だと。

「茫茫たる急水に毬子を打つ」。「趙州は『急水上に毬子を打つ』と答えておる。無意識ではあるが、動き詰めに動いておる。決して同じところには止まってはおらん」。ここが大事なところです。単なる無心ではなく、素晴らしい働きまで含めて答えているわけです。

「落処停まらず、誰か解《よ》く看ん」。「投子は『念念、流れを停《とど》めず』と答えたが、その止まらないところが皆分かるであろうかどうか。投子の答えられた境涯がわかるか」。こう問いかけられています。

この問答の一つの見どころは、趙州和尚と投子和尚が互いに肚の中を見尽くしているのはいいとしても、この僧はどうかということ。これをどう取るか。

私たちの問題に近づけるために、無文老師の最後の部分の言葉を読みます。「すでに四一則の公案に向けて雪竇が謳っておるように、趙州も投子も共に作家《てだれ》の漢であるから、雪竇が『作家曾て共に来端を辨ず』と謳われたのである。次に趙州は『急水上に毬子を打つ』と答え、投子は『念念、流れを停《とど》めず』と言われたのであるが、この境涯が皆、分かるか。どうじゃな。雪竇は皆に注意を与えて、『落処停まらず、誰か解《よ》く看ん』と謳われているのである。これは古人を批評しておられるけれども、昨今皆に向かって言われた生きた言葉である」。

この僧が趙州和尚と同じ境涯かどうかは問題ではないのだというのです。問題は、あなた方一人一人ですぞ、と言っているのです。趙州と投子と同じ境涯で生きていますか、という問いかけだと取ってほしいのです。「さあ、趙州の境地、投子の境地はどんなものであるか。一つしっかりと味わわっしゃい」。こうして提唱録を終えています。

これで、ざっと全体を見渡したことになりますので、最初に返って、ここをどう見たらいいか、改めてやってみましょう。

真は空妙用

第七九則をみてください。二人の主人公のうちの一人、投子の話頭になっていますね。その本則で「僧、投子《とうす》に問う、一切の声は是れ仏の声と、是《ぜ》なり否《や》」。一切の声が仏の声だと言いますが、これはどんなものでしょうか。それでよろしいでしょうか。こう問いますと、「投子云く、是なり」。そうだ、と答えています。

すると調子に乗って僧は言います。「僧云く、和尚、㞗沸碗鳴声《とくふつわんみょうしょう》すること莫れ」。すると、「投子、便ち打つ」。投子はうって変わって、僧を打ちつけた。

理屈から言えば、僧は間違ったことは言っていませんね。全ての声が仏の声ならば、㞗沸《とくふつ》碗鳴声《わんみょうしょう》、お椀に熱湯を注ぐと音を立てる、その音を指して言うのだと思いますが、「㞗沸碗鳴声すること莫れ」といった。すると投子はうって変わって、打ちつけます。投子の言葉に沿って、ある質問をすると打たれた。

これが今日のポイントになると思います。ですから、この第八〇則は続いています。碧巌録はだてに並べているのではないのですね。ここは禅のピーク、ギリギリのところを語ってくれているので、今日はどうか、来てよかったと思って帰っていただきたいと思います。

本則を読みます。「僧、趙州《じょうしゅう》に問う、初生《うまれたて》の孩子《あかご》は還《は》た六識《ろくしき》を具する也無《や》」。これに対して「趙州云く、急水上に毬子《きゅうす》を打つ」。ところ変わって、「急水上に毬子を打つと、意旨は如何」と投子和尚に尋ねますと、「投子云く、念念、流れを停めず」と。

ここはどう見たらいいでしょうか。趙州和尚が答えた「急水上に毬子《きゅうす》を打つ」というのは、一つの答えではありますが、ありとあらゆる答えが、その言葉でそこに放り出されているのです。あらゆることに対する答えが、そこにあるのです。ある時はそうだ、と言い、ある時は棒で叩く。相反したことですが、相反してはいないのです。そこをまず、なんとか捕まえてほしいと思います。趙州和尚の錬り上げた「人」が言の葉となって、そこに出ているのです。

たとえば、赤子はすべてがいいところばかりではないと言いましたね。問題点はある。しかしそこは関係なく、スパッと答える。かといって、悪いところを知らんわけではない。知りながらも、そのように答えられるところに、趙州和尚の力量がある。それと同時に、これが禅の一番大切なところだと思います。

これを一つの例で言えば、「逆対応」です。西田幾多郎の語った言葉ですが、よしよし、と言っておいて、打つ。真逆のことをしますが、そうではない。見る人が見れば、よしよし、というところに、ひとつ間違えると棒で叩かれる、ということが入っている。そう見なくてはならないと思うのです。

もう少し理屈っぽく言いますと、「即非の論理」と言います。鈴木大拙の言葉ですね。即ですから、そうだそうだ、と言いながら、ある時は非、そうではないという。それらはひとつのことなのです。ある時は即として働き、ある時は非となって働き出る。元は同じ。そこが非常に面白いところだと思います。その面白さを、妙というのです。点数が付けられない時、妙という点数を芸術の世界ではつけるそうです。

こういう言葉がありますね。「真空妙用」。この妙です。この言葉、どう解釈しますか。私の解釈は、真とは何か。真実の真とは何か。己事究明と言いますから、人間の真実とは何か。それは空妙用だ、とみてほしいのです。

普通はそうは読みません。「真空妙用」は、真に空になったところから妙用が起こる。これが直訳です。そういう意味で例をあげたら、どういう言葉があるかというと、「真空無相」。そして、「真空妙有」。禅の方の学問を教相と言いますが、この三つを言います。

最初が「真空無相」。真の空は姿形がない、無相だ、空っぽだと言います。それが般若心経の「色即是空」という世界です。私たちの身体を色身といいます。それそのままで法身、空なのだという。秋月龍珉先生はこれだけでもいい、ありがたいとおっしゃいました。しかし、心経はそれだけではありません。すぐに「空即是色」として、色に戻ってきます。ここを「真空妙有」と言うのです。

無相では目に見えませんから、この人は本当に空になったのか、それとも元のままか、判断がつきません。ところが、姿形は一見、変わらないようだが、断じて違う。見る人が見れば、妙有としてそこに存在するのだ。これが見性した人と言われるゆえんです。真空無相から元へ戻ってきた時、その人を真空妙有といいます。この人の働きはどうかというと、妙用になるのです。真空妙用。

これは観音さまの働き。そこからどこへでも飛んでいけるというのです。真空無相を受け持つのが文殊菩薩です。真空妙有を受け持つのが普賢菩薩。真空妙用の働きを受け持つ菩薩として、観音菩薩を配しているのです。この三人の菩薩は在家の方です。ですから、頭に飾りをつけていますね。

禅堂は真空無相を大事にしますから、文殊さまをお飾りするのです。そして妙有の働きとして普賢菩薩をお飾りし、もう一つ、勢至菩薩もお飾りする。普賢菩薩は象に乗ったお姿ですね。そして、妙用の素晴らしさがどこにあるかというと、どこへでも、苦しんでいる人がいるならば飛んでいき、お相手させていただく、観音様さまの働きを配するのです。

この三つはしかし、一つですね。我々一人一人にこのすべての働きが備わっているというのが本当ではないでしょうか。分かりやすく説明するために、文殊、普賢、観音と説明しますが。ですから、それと全く同じだと思うのです。この趙州和尚の一つの答えの中に、すべての答えが打ち込まれている。そのように受け取ってもらえないでしょうか。

「平常心是道」——真実を生きる

これから、いつもの公案体系の話に入ります。公案体系は三つからできあがっています。理致、機関、向上の三つです。私たち一人一人は、どこを住処としていますか。機関ですね。現実、この世を生きています。この世で四苦八苦して悩んでいます。そして、どんなことを考えるか。みなさんがここにお集まりなのも、どういうことかというと、四苦八苦と言いますが、仏教に何かしらの解決を求めているのだと思います。公案体系が教えてくれるのは、まず仏を求めなさいということです。方法を示してくれています。

その方法が理致です。まず理致を求めなさい。仏さんが自分の問題に対処するとしたら、どんな対処の仕方をするか。それが学べますよ、というのが公案体系です。しかし、自分以外に仏がいるわけではありません。仏を求めなさいとは、仏になりなさいということです。仏を機関の世界に呼び込み、仏ならどう対処するかを知る。つまり自分のことです。

みなさんは何度となく、この世の難しい出来事を乗り越えてこられたと思います。だから、乗り越えた時、そこにどんな働きが込められているかを、しっかりつかむことこそが大切だと思います。あらゆる「菩薩」という名で呼ばれる人たちの働きは、すべて私たち人間にぶち込まれていると思います。

それが、一言で言えば、「臍の穴」だと思います。それは母と私を断ち切るものですね。テレビで見ましたが、血まみれになって私たちは生まれてきますね。あの時の血はすべて、母親の血ですね。それを産婆さんなどが洗ってくれる。臍の緒を切られて、初めて母親から独立します。あそこにすべての秘密の鍵が入っていると思います。

俗な言い方をすれば、母親の期待に沿うように、ということですね。けれども、単に機関、世の中の母親、お受験の母親の氣持ちに沿うように、であろうはずはありません。それなら仏教に求める必要はない。みなさんは仏教に求めているのですから、それは全く違う何かです。それが真、つまり真実でしょう。真実なるなにものかを求めている。そして母親も、それを我が子に求めているはずだ。我が子を産む時、苦しいでしょうね。その時の母親の氣持ちというのは、どんな氣持ちだったか。我が子に何を望んでいたか。決して、単にお金持ちになればいい、大会社の社長になればいい、というだけだったか。それとも、それを超える何かを求めていたか。それはわかりません。

公案体系のありがたいところは、いつも言いますが、向上の世界があるということですね。

向上とは、仏の上、という意味だそうです。どういうことか。仏臭さが取れるということです。すると、どこかに似た表現がありましたね。真空妙有という世界です。空は目に見えませんから、果たして真空無相の世界へ行って戻ってきたのか、それとも元のままそこにいるのかわかりません。そこを、向上は平常心というのです。平常、普段の心。仏さんの心なら素晴らしい心になりますが、普段の心です。妙有の働くところは、平常心だけれども、よくよく見てみると、道にかなっている。

だから「平常心是道」という言葉があります。これは馬祖道一の言葉です。仏は全く面出ししていません。仏は落ちてしまうのです。しかし不思議なことに、よくよく点検してみると、道にかなっている。そういう世界が現れるということなのです。それはまさに、人間としての真実ということがそこに現れている。真実を生きていると言い切れる。それがそこに見られる。それが向上という世界が持つ素晴らしさです。ですから、なんとか向上の世界を掴み取っていただきたいのです。

碧巌録一則一則の答えはよくよく見ると、全てに通じてくる答えであるはずです。しかし一則が表立って示しているのは、一部にすぎません。その一部をよくよく見つめていくと、全部の則に通じる何かがあるということです。

西田天香さんが、一燈園という素晴らしい会を創り、あのように生きられた。それは我々にはできそうにありませんが、そういうところへ通じていく何かが、私たち一人一人にあるということだと思います。それを、何とか公案体系を通してつかんでほしいのです。天香さんは我々と同じ人だったと言い切れる何かを見つけ出してもらいたい。こう思ってやまないのです。

それをもっと大きく、空間的、時間的に広げれば、同時代の人たちだけではありません。昔の人とも、時代を異にした人の中にも、同じことが見出されるということに通じていくのですから。

箭を看よ――第八一則「薬山射麈中麈」

【垂示】垂示に云く、旗を攙《と》り鼓を奪うは、千聖《せんしょう》も窮むること莫《な》し。誵訛《ごうか》を坐断して、万機到らず。是れ神通妙用にあらず、亦た本体如然《にょねん》に非ず。且道《さて》、箇《こ》の什麼《なに》に憑《よ》ってか、恁麼《さよう》に奇特なるを得たる。

【本則】挙《こ》す。僧、薬山《やくさん》に問う、「平田浅草に、麈《おおしか》と鹿と群を成す。如何《いかに》か麈中の麈を射得《いえ》ん」。山云く、「箭を看よ」。僧、身を放って便ち倒る。山云く、「侍者、這《こ》の死漢を拖《ひきずり》出《だ》せ」。僧、便ち走《にげだ》す。山云く、「泥団を弄する漢、什麼《なん》の限りか有らん」。雪竇拈《とりあ》げて云く、「三歩は活すと雖も、五歩には須らく死すべし」。

【頌】塵《しゅ》中の塵《しゅ》、君、看取せよ。一箭を下《つが》うれば、走《にげだ》すこと三歩。五歩にして若《も》し活せば、群を成して虎を趁《お》わん。正眼《しょうげん》は従来猟人《かりうど》に付《あた》う。雪竇高声《こわだか》に云く、「箭を看よ」。

碧巌百則と言いますが、今日から、そのうちの第九巻が始まります。一〇巻あるうちの九巻、あと二巻で終わりですね。読んでみますと、やはり順番を考えているという氣がするのです。もしかしたら、今までやってきた見方とは違う見方に立っているといいますか、違う視点からなされているということも、どこか考えに入れていただけたらいいと思います。

最近やってきたところは、本当に（真箇）碧巌録のピークだと思います。たとえば、一切の声は仏声、仏の声だ、というのはつい最近、第七九則でやりましたね。そんなことを言って大丈夫かな、と思うようなことが題名になっているのです。ですから、本当にギリギリのところを説いてくれているのだと思いますが、限界もあると思います。その限界を打ち破るべく、違う視点に立って編集がなされているということも、十分考えられることだと思います。そういったところを注意しながら、見ていきたいと思います。

「箭を看よ」

垂示は圜悟禅師がなされています。圜悟という方は、すごい頭の人です。頭脳の人だと思います。私は若い頃に、それを思い知らされた氣がします。圜悟禅師がよく評唱などで縷々意見を述べていきます。鋭利な頭脳を持ったお方が述べていながら、ところが、そうじゃない、というのですね。自分で主張しながら、その意見を自分で否定するのです。ということは、どんなに頭の素晴らしい人にも言い切れないことがあるのだと思うのです。それが不立文字ということの原点なのかもしれませんね。ではいったい、元は何か。それをなんとかして究めていこうというのが、この研究会であると思います。

「垂示に云く、旗を攙《と》り鼓を奪うは、千聖《せんしょう》も窮むること莫《な》し」。「旗を攙《と》り鼓を奪う」という世界があると、まず見てください。そして「千聖《せんしょう》も窮むること莫《な》し」、千人のお聖人が面を出しても、ということだと思います。これはどのように掴まえたらいいのでしょうね。

私たちはこの二つの、どちらに立っているのでしょうか。「旗を攙《と》り鼓を奪う」の方だと言わざるをえませんね。現実を生きている私たちは、まず、「旗を攙《と》り鼓を奪う」の世界にいるのです。現実の世界、弱肉強食の世界、あるいは常識の世界、そう思ってもらいたい、というのが圜悟禅師の氣持ちだと思います。これに対し、「千聖」は、公案体系でいう理致の世界です。

今まで学んできたところによりますと、公案体系は、宋時代の達人たちの考え出したことです。本当に真剣に、未曾有の出来事が次々起こる現実の立場に立って、何が本当なのかを本氣で求める氣が起きたら、何としてもまず理致の世界を極めてほしい。これが宋時代の達人の思いでしょう。

そして、この現実の修羅場を乗り切っていくためには、千聖方、祖師方だったら、どのように働くか、ということだと思います。自分が陥り、身動きもできないこの現場を、どう動かしていくだろうか。そこから始めるということだと思うのです。

注記を見てみます。「旗を攙《と》り鼓を奪う」は、「敵軍の旗と鼓とをひったくって動きが取れなくすること」。動きが取れなくなった、というのが大事なところですね。現実を生きている私たちが、身動きを取れなくされた時にどうするか。仏さん、祖師方に解決を求めてみなさい、というのが宋時代の方々（公案禅の達人たち）の考えだと見ていただきたいのです。「誵訛《ごうか》を坐断して、万機到らず」。ここは難しいですね。注記によれば、「誵訛を坐断して」は、「いりくんで難解なところをすぱりと截断する」。これがまさに仏さまの知恵でしょうね。般若の智慧によって、「坐断」、そのままで断ち切ってしまう。「誵訛」は二進も三進もいかないところ。これを断ち切ってしまうのが、仏様や祖師方のお仕事だ。

ところが、それに対して「万機到らず」とあります。注記には、「あらゆる作用を寄せつけない」。どのような作用か。私たちの心の働きと見ていいでしょう。心の働きが、思ってもみなかったような解決方法を差し出してくれる。このように読めないでしょうか。

「是れ神通妙用にあらず」。しかし、そうは言っても神通妙用ということではないのだ。「亦た本体如然《にょねん》に非ず」。「本体如然」とは、仏様の世界が自然そのものであること。ですから、自然そのものの仏様の世界でもなく、錬りに錬った修行の結果である神通妙用ということでもないのだ、ということです。

「且道《さて》、箇《こ》の什麼《なに》に憑《よ》ってか、恁麼《さよう》に奇特なるを得たる」。ではいったい何によって、そのような奇特を得るに至ったのか。それを知りたかったら、ここに登場する本則を見るにしくはない、というのが圜悟禅師の垂示の持っていき方だと思います。

神通力の絶妙な働きでもない。もともとあるがままに、真実としてあるのでもない。では何か。それは、ここに登場する薬山禅師のあり方を見るのが一番だ。こういう言い方をされているのです。

「五歩には須らく死すべし」

それでは、本則を読んでみましょう。「挙《こ》す。僧、薬山《やくさん》に問う」。あるお坊さんが、名だたる薬山禅師を訪ねて質問します。

「平田浅草に、麈《おおしか》と鹿と群を成す」。平田浅草というのは薬山禅師がおられたところの風景でしょう。一面平らな平地。そこに大鹿と鹿が群れをなして生きている。

「如何《いかに》か麈中の麈を射得《いえ》ん」。和尚はどのようにして、この鹿中の王といわれる、麈中の麈を射得することできますか。そんな感じですね。

そうしますと「山云く、箭を看よ」。矢をしっかりと見よ。薬山が矢を放ったのです。目には見えない、無相の矢です。その矢は今どこにあるか、見えんか。

こう言われると、「僧、身を放って便ち倒る」。どうして僧はバタッと倒れたのでしょうか。自分こそが麈中の麈だということです。これは、悪くはないと思います。ある意味、見事だとも言えると思います。無相の矢が見えたということでもありますから。しかし、ずっと読んでみると、どうもこの僧は偽物らしいということになっていきます。それはさておき、薬山は何を言ったか。

「山云く、侍者、這《こ》の死漢を拖出《ひきずりだ》せ」。死漢、死人と言っています。倒れている僧を引きずり出せというのです。

すると「僧、便ち走《にげだ》す」と続きます。ここまででも、まだ救いはあるのですが、後がいけません。

「山云く、泥団を弄する漢、什麼《なん》の限りか有らん」。これは全くの否定の言葉です。救いようがないわい、ということです。

「雪竇拈《とりあ》げて云く」。そこへ雪竇禅師がでしゃばってきます。たまらなくなったのでしょう。話頭を取り上げて、「三歩は活すと雖も、五歩には須らく死すべし」。三歩くらいは逃げられるかもしれないが、五歩とは逃げられないぞ、と言うのです。

ここに圜悟禅師が著語を付けて、「且道《さて》、雪竇の意は什麼《いずこ》にか落在す」と。ただそれだけです。

薬山が言った「箭を看よ」が素晴らしいと言われています。こういう働きは、神通妙用だと言っても届かないぞ、というわけです。そういう言葉の届かないところから、「箭を看よ」という言葉が出てきている。そこをしっかりとつかまえてくれ、というのがこの本則ではないでしょうか。人間そのものをしっかりと見とれ、しっかりつかめ、ということです。薬山をも僧をも、両方共にです。

この第八一則から、碧巌録は雰囲氣が少し変わってきていると思います。「泥団を弄する漢」は直訳すれば「泥だらけの男」ですが、伝統的な解釈ですと、「役立たずめが」となっています。何の役にも立たないやつ。妄想をかわくやつ、理論を弄ぶやつ、いつまでたっても救われる時は来ないわい。禅宗坊主の言い方で言いますと、「妄想をかきよってからに」。何の価値があるか。こう言って、逃げていく僧の後ろから叱りつけられた。

それに対して雪竇が、たまらず舞台へ躍り上がります。観客席から野次を飛ばすだけでは済まなくなり、上がってきたという感じです。「三歩は活すと雖も、五歩には須らく死すべし」。逃げていっても三歩くらいが関の山。五歩とは行けまい。最初の勢いは素晴らしかったが、最後は見られたざまではないわい。終始一貫せんということです。真の衲僧ならば、初めも終わりも全うしなければならん、と雪竇が釘を打っておられるのです。これが伝統的な見方です。

「五歩にして若し活せば」

それでは頌に入ります。たまらずに舞台へ上がっていった雪竇がどのように見ているか。「塵《しゅ》中の塵《しゅ》、君、看取せよ」。「塵《しゅ》中の塵」が何者か。また、「君」は誰を指すでしょうか。

これは私たち一人一人です。一人一人が見て取らなくてはならん問題だ、というのです。他人事としているうちは埒があかん。自分のこととして受け取ってくれ、というわけです。

公案体系は全体的な見方です。法律で言えば総論。それに対して碧巌の一則一則は各論で、それぞれ具体的です。そうした一則一則を全体的に捉えることが大事だというのが、公案体系の重要なところです。全体的な目で見ると、何が大事か、また違ってくるかもしれないのです。

「一箭を下《つが》うれば、走《にげだ》すこと三歩。五歩にして若《も》し活せば、群を成して虎を趁《お》わん」。薬山は五歩と行けまい、と断定しましたが、雪竇は五歩でも走っていけたならば、と薬山と逆のことを言い出します。このあたりが面白いところですが、どうでしょうか。

それで、もしそうなったら、と言います。伝統的な解釈では、このように言っています。「そこで五歩歩いて、もう一度生き返ってくるならば、この僧が真に見性し、大死一番して出直すならば――死んで生きるが禅の道です――、麈中《しゅ》の麈となって、たくさんの鹿を率き連れて虎を追い回すだけの力を得たことであろうに」と。

しかし、この僧にそんな力はなかろう。そこでは本則にもあるように、「雪竇拈《とりあ》げて云く、三歩は活すと雖も、五歩には須らく死すべし」ということになりますが、けれども雪竇は、本当はそうでなくなってほしいのです。それでじれったくて、客席から野次を飛ばすところを、舞台まで躍り上ってそう言ったわけです。

次にもう一つ、雪竇は謳っています。「正眼《しょうげん》は従来猟人《かりうど》に付《あた》う」。「猟人」は薬山のこと。そして最後に一声放ちます。「雪竇高声《こわだか》に云く、箭を看よ」。

僧は偽物と言われても仕方がありません。本物ならば、賓主互換ができなくてはだめなのです。薬山もそれを望んでいましたが、事実としてそうではなかったのです。

ここに模範的な答えというのは元々ありません。「大用現前、不存軌則」というのがあるのです。大用というのは大きな働きですね。それが現れた時、そこには軌則など問題ではなくなる。軌則を超えた素晴らしい働きをこそ、薬山も雪竇も望んでいるのです。

しかし一向そこに及ばず、だったわけです。薬山をうならせるような何かが出てこなくてはいけないのです。師への報恩底です。それさえあればいいのです。本物が表れ出ることを望んでいるのですが、この僧はそうではなかった。一見おもしろおかしく見えても、実はそうでなかったのです。そこで、誰もいないなら、せめてわしだけでも、とばかりに万感こめて、頌の最後の一句を声高に唱えたのです。

そういったところにこそ、禅の本当の素晴らしさがあるのです。そういう世界を切り開くところに、です。それこそが、薬山、雪竇の願いなのです。理論通りに動け、というものではないのです。理論を壊しても、本当のものを見せてくれればいい、というのですね。

「賓主の互換」とは

後の評唱に出てくるところですが、「その五歩の外に飛び出そうとは、どういう働きかな」。圜悟禅師が語っているところですね。

「作家《てだれ》の相見《しょうけん》」。働きのある者同士の出会いですね。「須是《すべか》らく賓主始終互換し、間断有ること無くして、方《はじ》めて自由自在の分有るべし」。

これをどう説いているか。「優れた師家と優れた雲水の出会いは、主と賓、初めもなく終わりもなく、賓主始終互換だ。賓主が対等の場合ならば、互に時に主となり、時に賓となるはずだ」とあります。時と場所によって、互いに入れ替わることができるはずだ。「師家も作家《てだれ》であり、僧も作家である場合は、互に賓となり、主となって、そこに一分の隙もなくして自由自在の働きが出てくることであろう」。ここが大事なところですね。「ところがこの僧は薬山に追い詰められるばかりで、この僧の働きというのは一つもない」。伝統的解釈では、このように言われています。

そんなところに止まっていないで、時と場合によって主客が見事に入れ替わり、見ている私たちが本当に感嘆するような出会いを見せてほしい、ということなのですが、行き着くところは、観客でいてはだめだぞ、ということです。私たち一人一人が舞台に登らなくてはならぬ。人ごとにするな、自分が言われていると思え、というのが「薬山射麈中麈」の一つの見どころだと思います。

前に、「顚倒夢想」という言葉を出しましたが、ここではまさに、「賓主互換」。人と人との関係。賓主互換に至らなくてはだめだというのが、禅の主張するところです。師弟の関係は絶対で、脱け出しがたい関係ですが、時にはすっぱりと振り払って、師匠と弟子が逆の立場に立たなくてはならない。そういう状態を見せてほしい。それを強調した語録が臨済録です。ですから臨済録を読むとスカッとします。そこを見せてくれているからです。それはけしからんということにはなりません。本当に見事です。そこに「妙応無方」(臨済録序)のちからが生きるのでしょう。

澗水湛えて藍の如し――第八二則「大龍堅固法身」

【垂示】垂示に云く、竿頭《さおさき》の糸線《いと》は、具眼にして方《はじ》めて知る。格外の機は、作家《てだれ》にして方《はじ》めて辨ず。且道《さて》、作麼生《いかなる》か是れ竿頭の糸線、格外の機。試みに挙《こ》し看《み》ん。

【本則】挙す。僧、大龍《だいりょう》に問う、「色身《しきしん》は敗壊《はいえ》す、如何なるか是れ堅固法身《けんごほっしん》」。龍云く、「山花開いて錦に似、澗水湛《かんすいたた》えて藍《あい》の如し」。

【頌】問うこと曽《かつ》て知らず、答うること還た会《まよ》くせず。月冷《ひやや》かにして風高く、古巌に寒檜あり。笑う堪《べ》し、「路に達道の人に逢わば、語黙を将《もっ》て対せず」とは。手に白玉の鞭を把《と》り、驪珠《りしゅ》尽く撃砕《うちくだ》かん。撃砕《うちくだ》かざれば、瑕纇《きず》を増さん。国に憲章有りて、三千条の罪あり。

「如何なるか是れ堅固法身」

垂示から入ります。圜悟禅師の言いたいことは、垂示で自分が述べたことを参究するのに最もよい手本が、この本則だ、ということでしょう。圜悟禅師はどのようなことを、この本則に見ているのか。まず、現代語訳の注釈を見てみましょう。

「竿頭《さおさき》の糸線《いと》」のところは、「釣竿の先から垂れた糸の動きは釣り上げるべき本物を見て取る眼をもつ者のみが知る」。

「格外の機」のところは、「常識を超えた活機は、練達した禅匠のみが弁別できる」。

本則の主人公は大龍和尚です。「徳山の棒、臨済の喝」と言いますね。禅を代表するお方の働きです。大龍禅師は、その「棒の徳山」と言われた徳山禅師のひ孫に当たる方です。唐末の時代とみていいでしょう。ならば、臨済禅師のひ孫に当たるのはどなたでしょうか。興化存奨禅師が息子さんですね。南院慧顒禅師がお孫さん、風穴延沼禅師がひ孫に当たります。

ですから風穴禅師が生きられた時代の人が大龍禅師だと言えます。この大龍禅師は、人生をどのように掴んでいたかが、この物語です。

では、本則を見てみましょう。

「挙す。僧、大龍《だいりょう》に問う」。ある修行僧が、徳山四世の大龍和尚に聞いた、ということです。「色身《しきしん》は敗壊《はいえ》す、如何なるか是れ堅固法身《けんごほっしん》」。このように尋ねました。

僧は諸国を行脚していた人と見たらいいでしょう。たまたま大龍和尚のもとに行き着いて、普段、自分が問題にしていたことをぶつけるわけです。

色身、我々の身体はいつか、滅びてなくなっていきます。ならば、決してなくならないもの、永遠の存在ともいう、堅固な法身はどこにあるのでしょうか。この質問自体は、どのようにに皆さんは考えますか。

私は最近、同じ歳の女性から、同じことを尋ねられました。自分の身体が無常だということは実感としてわかるというのですね。ならば、敗壊しないものはあるのか、という質問をたまたまぶつけられたのです。

だんだん年をとりますと、あちこちに故障ができて、否応なく、「色身《しきしん》は敗壊《はいえ》す」という実感が湧いてきます。それに対して、「如何なるか是れ堅固法身《けんごほっしん》」。色身に対して法身、堅固なものは、いったいどこにあるのか。どこに見出したらいいのでしょうか、という質問だと取ってみましょう。

その質問に対する、大龍和尚の答えです。「龍云く、山花開いて錦に似、澗水湛《かんすいたた》えて藍《あい》の如し」。ただこれだけの問答です。これが何を言っているのかが、問題ですね。「色身」については、「肉体は滅ぶ」と注釈にありますね。それに対して「法身」です。注記では「真理の体、真理そのもの」としています。「澗水湛《かんすいたた》えて藍《あい》の如し」の注釈は、「谷川の水は深く澄んだ藍の色」。これはどんなことを言っているのでしょうか。

僧の質問をもう一度振り返ってみましょう。色身はやがて壊れてなくなっていきます。無常のものです。堅固法身というものがあるとしたら、それはいったい、どんなものでありましょうか。こういう問いかけですね。いったい堅固法身というものがあるのかないのか。あるとしたら、どこにあるのか。どこに私たちはそれを尋ねたらいいのか。

それに対し、大龍和尚の答え。これこそ圜悟禅師が述べている「竿頭《さおさき》の糸線《いと》」であり、また「格外の機」でもあると思います。大龍和尚は「山花開いて錦に似、澗水湛《かんすいたた》えて藍《あい》の如し」と言います。しかしなぜこれが、堅固法身なのでしょうか。

「山花」は山桜。「三日見ぬ間の桜かな」という言葉がありますね。満開に向かって進んでいる時の桜は、まさに見事ですね。満開になり、やがて風が吹いて、三日後には枝に花が残っていない。そういう桜の花がどうして堅固法身と言えるのでしょうか。本当に見事に咲くわけですが、三日にして無情の風にさらされてしまう。それがどうして堅固法身でしょうか。ここはどのように取ればよいのでしょうね。

垂示の注釈にもう一度目を通してみましょう。「竿頭の糸線」は「釣竿の先から垂れた糸の動きは釣り上げるべき本物を見て取る眼をもつ者のみが知る」とありますね。本物を見て取る眼をもつ者のみが知る。そうすると、見られるもの、山桜が問題なのではなくて、咲き誇った山桜を見る者、また風に吹かれて無情に散っていく桜を見る私たちの眼にこそ問題がある、ともなってきますね。

「問は答処に在り、答は問処に在り」

それでは、ここで評唱の方に踏み込んでみましょう。圜悟克勤禅師はどのような見方をしているのか、味わってみたいと思います。さいわい長い評唱ではありませんね。

「此の事、若し言語の上に覓《もと》むれば、一《ひとえ》に棒を掉《ふりあ》げ月を打つが如し。且得没交渉《さてもまとはずれ》」。言語の上のことにしてはだめだ、ということですね。そうしたら棒を振り上げて月を撃ち落そうとするようなものだぞ、ということを圜悟禅師は言ってくれています。

「古人分明《はっきり》と道う」。古人は昔の人、また尊ぶべきお方、という意味を込めて禅宗では表現します。だから「古仏道元」と言いますね。道元さまは人ではないのですね。尊ぶべき仏だというのでしょう。古人道元などとは言いませんね。ここは、その古人がはっきりと言っておられる、と。

「親切ならんと欲得《ほっ》せば、問を将《も》ち来たりて問うこと莫れ。何故ぞ。問は答処《こたえ》に在り、答は問処《とい》に在りと」。問いだけではだめだ、ということです、どういうことか。答えによって、問いの値打ちが出てくるのだ、ということだと思います。問いだけでは値打ちがないというのですね。答えによって、問いが素晴らしい問いになるか、平凡な問いになるか、答え次第だ、ということですね。

逆に言えば、つまらない問いでもいいのです。それに対して思いもよらない素晴らしい答えを出す人がいたら、その問いは生き返るわけです。問いと答えが互いに助け合って、禅問答というのは繰り返してきたのだ、ということでしょう。

「問は答処に在り、答は問処に在り」。互いに働きあって、問いが本当に貴重な問いになり、答えが本当にありがたい答えになっていく。それが禅問答のあり方だ。このように教えてくれているのだと思います。

「這《こ》の僧一担《いったん》の莽鹵《もうろ》を担いて、一担《いったん》の鶻突《こっとつ》に換《か》う。箇《こ》の問端《とい》を致すは、敗欠《しくじり》少なからず。若し是れ大龍にあらずんば、争《いかで》か天を蓋《おお》い地を蓋うを得ん」。このように続けています。

「莽鹵」には注記があります。「がさつ、おおまか」。がさつな問いを、この修行者は担いできたのだ、ということですね。「鶻突」は「うすぼんやり、いい加減」。そうすると、禅問答にはならないわけですね。どちらかがしっかりしていると、それに引かれて充実したやり取りに変わっていくのですが、その氣配が見えないということでしょうか。「箇の問端を致すは、敗欠少なからず」。この修行僧の問いはしくじったな、ということでしょうか。

「若し是れ大龍にあらずんば」。それをぶつけられた相手が大龍だったからよかったようなものの、大龍でなかったら、ということですね。「争か天を蓋い地を蓋う」とは、どのようなことですか。天地いっぱいということですね。これを禅では非常に大事なこととしています。以前に話したことがあると思いますが、大の字。手を広げると大の字になりますね。これが大事です。大変難しい「無字の根源」という無字の拶所をやらされますが、それには大の字がなくてはならぬのです。

そして、常識の問題です。一般の常識ではなく、臨済禅を学ばんとしている我々の常識です。綺羅星のように素晴らしいお坊さま方が出られていますが、一番の禅のお師家さんは誰でしょう。臨済、徳山もいますが、歴史的に定着しているのは、雪峰です。雪峰の弟子には、雲門、長慶など、素晴らしい人がいますね。修行者時代にはどこへ行くにも、「笊籬《そうり》木杓《もくしやく》を担い」と言われて、炊事道具を持って行って、夜は雪隠の掃除をしたり、誰もがいやがる、そういう苦労をして修行をしたから、大禅匠になったのでしょう。同時期に趙州和尚もいますが、趙州は北のほうにいたので、寒くて人が集まらない。暖かい南の雪峰の方が条件がよかった、ということもあるかもしれませんが、第一番の禅匠は雪峰ということになっています。

この雪峰がまだ悟りを開けず苦しんでいる時、兄弟子の巌頭からアドバイスされるのですね。巌頭は天才です。歳は雪峰の方が上だったと思いますが、修行の上では巌頭の方が出来ていました。おまえは出来上がっているとばかり思っていたら、そうじゃないのか。まだそんなところでウロウロしているのか、というわけです。これまで修行をしてきたのだから、二つ三つはいい体験もあるだろう。これは、と思った体験を言ってみろ、と言われて話すのですが、どれもだめだと言われるのですね。

これは臨済禅師も言っていることですが、雪峰のあげた言葉を聞いて巌頭は、みんな外に求めている、というのです。臨済も、臨済録で口を極めて言っているのは、「外に求むることなかれ」ということです。そこはピタリと一つです。巌頭も臨済に会いに行きますが、その道中に臨済が亡くなったと聞く場面があります。

自己の見る目に関わってくることですが、外からではなくて、巌頭が雪峰に言ったのは、「門より入るものは、是れ家珍にあらず」。こういう言葉が巌頭の口から出ます。外から入ってきたものは家宝ではないと。この言葉が出た時に、雪峰は因縁が熟していたのでしょう。ハッと、ガラガラっと自分が崩れて、新しい自分に変わった。新しい自分というのは、ここの言葉で言えば、「蓋天蓋地」、大の字になれたわけですね。自己がぐうっと大きくなる。

これはどんな体験かというと、一つではないと思いますが、はっきり文章化している人のものを読みますと、こうです。

「蓋天蓋地」とは

鎌倉に東慶寺というお寺があります。昔は駆け込み寺でした。女性がかくまわれた、円覚寺系統のお寺です。その東慶寺の住職をされた井上禅定というお方がいました。禅定というお名前、これにふさわしい体験をされています。

天龍寺で修行をしておられた時、そこには山田無文老師もおられました。関牧翁老師もおられました。同じ時期に、のちに名をなす方たちとともに修行をしていた。公案の話になり、無字の根源はやったか、というような話になります。井上禅定さんは、まだ無字の根源をやっていないうちから、無字の根源が、なかなか通るのが難しい拶所だということは聞いていたわけです。

それを、実際に体験したわけです。ご存知のように、禅堂というところは両単になっていますね。井上禅定さんが直単の方に坐っていた。単頭単の方には無文老師ら、錚々たる雲水が坐っている。ある時ハッと氣づいたら、いつもは頭の上がらない先輩方の無文老師らが、小さくなって見えるのだそうです。自分はこっちにいるのですが、自分の方は山のようにそびえ立っていて、先輩方が小さく見えたというのですね。

それでともかく、室内に入ったと言います。入室参禅ですね。その時、関精拙老師は禅定さんを見て、何が起こったかわかりました。しかし、起こったことは、井上禅定さんは口に出して言えないわけです。体験はしたけれども、言葉となって出てこない。それをご覧になって精拙老師が言葉を出してくれたというのですね。禅林句集という、常に携帯しなくてはいけない冊子の中の言葉をいくつか出してくださった。その通りだった、そうです、そうですと、うなずくしかなかった、と言います。自分で言葉を出すことはできなかったけれど、まさに精拙老師がおっしゃってくれた言葉通りの体験ができたというのですね。

そこを、「蓋天蓋地」というのだと思いますね。そういう体験があって初めて、禅という名に値する何かが起こったと言えると思います。

もう一度読みます。「問は答処《こたえ》に在り、答は問処《とい》に在り」と。「這《こ》の僧一担《いったん》の莽鹵《もうろ》を担《にな》いて、一担の鶻突《こっとつ》に換《か》う」。蛇が蛇になっただけで、龍には変えられなかったということでしょう。「箇《こ》の問端《とい》を致すは、敗欠少《しくじり》なからず」。しかしそれではだめなのだ。「若し是れ大龍にあらずんば」。蛇を龍に変えられなければだめだ。龍に変えられれば蛇もまた生きるのだ。「争《いかで》か天を蓋《おお》い地を蓋うを得ん」。大龍がいたから、そういう蓋天蓋地の素晴らしい世界が生まれたのだ。

「他恁麼《かれさよう》に問い、大龍恁麼に答うるは」。「他」は修行者です。修行者がそのように問うたのは、大した問いではないが、大龍が答えたから、「一合相にして更に一糸毫頭《いささか》も移易《たが》わず」。

「一《ひとえ》に兎を見て鷹を放ち、孔《あな》を看て楔《くい》を著《う》つが似《ごと》し。三乗十二分教に還《は》た這箇《こ》の時節有りや」。「三乗十二分教」といわれるお経にこのような事態があるか。

「也《ま》た不妨《なかなか》に奇特なるも、只だ是れ言語無味にして、人の口を杜塞《ふさ》ぐ。是の故に道《い》う、一片の白雲谷口に横たわり、幾多の帰鳥か夜に巣に迷うと。有る者は道《い》う、只だ是れ口に信《まか》せて答え将《も》ち去《ゆ》くのみと。若し恁麼《さよう》に会《え》せば、尽く是れ胡種族を滅ぼすの漢なり」。「胡種族」は、釈迦や達磨の血筋、仏法、と注記にありますね。

さらに続けて、「殊に知らず、古人の一機一境は枷《かせ》を敲《たた》き鎖を打ち、一句一言は渾金璞玉《こんきんはくぎょく》なるを。若《も》し是《こ》れ衲僧《のうそう》の眼脳《めだま》ならば、有る時は把住《つか》み、有る時は放行《はな》し、照用同時《しょうゆうどうじ》、人境《にんきょう》倶奪《ぐだつ》、双放双収、時に臨んで通変す」。こう続いていきます。

こうした働きが両者の間でかわされていかなくてはほんまものではない、ということになっていきます。いかがでしょうか。

無常の身心

ともかく、この質問者の質問が、優れていたかどうかは別としています。禅の場合は、そんなことはどうでもいいのです。つまらない問題をぶつけられても、そこから素晴らしい答えを返せば、そんな素晴らしいことはないわけです。大龍の答えが素晴らしい答えであるということは、間違いのないところです。しかし常識とは違いますね。「如何なるか是れ堅固法身」。この堅固法身が問題なのですが、そうするとやはり「蓋天蓋地」に大事なところがあると言えるのではないでしょうか。

たとえどんな一瞬の間でも、あっという間に過ぎ去るような刹那でも、そこに「蓋天蓋地」の世界を見ることができたら、感じ取ることができたら、それはなんといったらいいのでしょう。「世間虚仮」という言葉がありますね。聖徳太子の言葉でしょうか。世間は虚仮だ。それに対して「唯仏是真」と言いますね。ただ仏のみ真実である。我々にとって、大事なのは、唯仏是真という世界を創り出すことができるかどうか。

その唯仏是真の世界を創り出す元はどこにあるのでしょうか。まさにそれは、色身にあるのです。「色身は敗壊す」という、色身にこそあるのですよ。だから私と同年代の女性が、無常だということは痛いほどわかりますという、その思いが唯仏是真の世界へ、その人を案内していくと思います。本当に無常ということを実感しているのは間違いないと思います。私も今、身体が悪いですが、彼女はそれ以上に悪いですから。私はこのようにしてここまで出て来れますが、彼女は動けずにいます。そういう無常な身体にもかかわらず、何としても、堅固法身の世界があるのならば、自分は見たい、知りたいという。そういうところから「蓋天蓋地」の世界へ導かれる可能性が大いにあると思いますね。そこはどんな世界かというと、私がいま言ったようなことが行われる世界です。

続けて評唱を読んでいきましょう。こういう素晴らしい世界が開けるはずなのです、「蓋天蓋地」から。

「殊に知らず、古人の一機一境は枷《かせ》を敲《たた》き鎖を打ち、一句一言は渾金璞玉《こんきんはくぎょく》なるを。若し是《こ》れ衲僧《のうそう》の眼脳《めだま》ならば、有る時は把住《つか》み、有る時は放行《はな》し、照用同時《しょうゆうどうじ》、人境倶奪《にんきょうぐだつ》、双放双収、時に臨んで通変す」。こういう大機大用が生まれてくるというのですね。

「若し大用大機《だいゆうだいき》無くんば、争《いかで》か解《よ》く恁麼《さよう》に天を籠《おお》い地を罩《つつ》まん」。大機大用は天を覆い地を包むところにあるのだ、というのですね。

「明鏡の台に当って、胡来たれば胡現《うつ》り、漢来たれば漢現《うつ》るに大いに似たり」。これは宝鏡三昧の世界ですね。自分が本当に無になることが大事なのです。蓋天蓋地というと大きくなっているようですが、それだけではないのです。無私の出来事なのです。私が徹底的に無くなった時、蓋天蓋地の新しい自己が現れるのです。前に来たもの、例えば富士山なんかも目の中に入れてしまう、そういう働きができるというのですね。

「此の公案、花薬欄《かやくらん》の話と一般《どうるい》なり、然れども意は却って同じからず」。同類だけれども、そこに働く心は必ずしも同じではない。

「這《こ》の僧の問処《とい》明らかならざるも」。ということは、この僧が本当にわかってこの問いを持ってきたのか、それともわからずに薄ぼんやりとした状態で大龍に問うたのか。それは別として「大龍の答処《こたえ》は恰好《みごと》なり」。

「見《しら》ずや僧、雲門に問う」。また違う公案を出してきていますね。「樹凋《しぼ》み葉落つる時、如何《いかん》。門云く、体露金風と。此れ之を箭鋒相拄《せんぼうあいあた》ると謂《い》う」。これは互いに見事な応酬だと言っています。

「這の僧、大龍に問う、色身は敗壊す、如何なるか是れ堅固法身」。これはこの僧の問いでした。「大龍云く、山花開いて錦に似、澗水湛えて藍の如しと」。これが問いに対する大龍和尚の見事な答えでした。「一《ひとえ》に君は西秦《せいしん》に向かい、我は東魯《とうろ》に之《ゆ》くが如し」。完全にすれ違ってしまったなあ、ということを言っていると思います。まったくやむをえない。「他《かれ》は既に佸儮《さよう》に行き」。質問者でしょうか。「我は却って佸儮には行かず。他《か》の雲門と一倍相返《あいそむ》けり。那箇《そ》の佸儮《さよう》に行くは却って見易く、這箇《こ》の却って佸儮には行かざるは却って見難し。大龍は不妨《さすが》に三寸甚だ密なり」。三寸というのは、舌先三寸の三寸。口から吐いた言葉はしっかりしている、という意味でしょう。そして「雪竇頌して云く」として、雪竇の登場につないでいるのですね。

「手に白玉の鞭を把り、驪珠尽く撃砕かん」

では、頌を読んでみます。

「問うこと曽《かつ》て知らず、答うること還《ま》た会《よ》くせず」。これはどのように訳したらいいでしょうか。「問うこと曽《かつ》て知らず」は、切実な一つの質問をしたように思うけれども、問うたこと自体、自分がそんな素晴らしい質問をしていながら、その中身に対しては全くご存知ない。これまで身につまされて感じたこともない、という感じですね。切実な実感を持たないで、問うているにすぎない。こう言われても仕方ないところだと思います。

「答うること還た会《まよ》くせず」は、それに対して大龍禅師が素晴らしい答えをしてくれたのに、しっかりとした見事な答えを出してくれたのに、質問の時と同じように、大龍禅師の心を全く得することができなかった。

「月冷《ひやや》かにして風高く」。こうなると、こう謳い上げるより仕方ないのではないでしょうか。「古巌に寒檜あり」。月は冷ややかに、天空の高いところから照らしているが、風がどんなに高いところまで吹いても、月までは届かないようだ。その高いところから月は照らしているが、古い巌に寒々とした檜が生えている感じだ。質問者と回答者の通い合う世界はなかった、というのでしょうね。風と月の語が何かありましたね。「清風名月を払い、名月清風を払う」でしたか。風と月が通い会う跡が。しかし、ここではそれがなかった。

「笑う堪《べ》し、路に達道の人に逢わば、語黙を将《もっ》て対せずとは。手に白玉の鞭を把《と》り、驪珠《りしゅ》尽く撃砕《うちくだ》かん。撃砕《うちくだ》かざれば、瑕纇《きず》を増さん。国に憲章有りて、三千条の罪あり」。このように雪竇禅師は頌に謳っています。

「達道の人」と出てきました。道に達した人ですね。その人が本物か偽物か。「本当に達道の人であったなら、達道ということも忘れておるであろう。その道の達人はその道を忘れた人でなくてはなるまい」。そして、「どちらを向いても皆達道のような顔をしておるけれども、どれだけ本物がおるかな」。これは山田無文老師の提唱です。

「語黙を将《もっ》て対せず」というところには、「しゃべってもいかん、黙ってもいかんと言うたら、大龍の答えをもらうわけにはいかんではないか。『色身は敗壊す、如何なるか是れ堅固法身』と下手な質問をしたればこそ、大龍の答えを得られたではないか。やっぱりしゃべったからよかったのと違うかな」。こう一応言っておきまして、「大龍も口でしゃべってくれたから答えが出たのである。黙っておったら答えにもならない。一体どうしたらいいのかな」。

そこで最後に、次のような禅的なものが出てきます。「手に白玉の鞭を把《と》り、驪珠《りしゅ》尽く撃《う》砕《くだ》かん」。これに勝ることはないのだ、というのですね。「その玉の砕けたところを、ひとつ後生のものによく見せておくがよろしい。その玉を叩き砕いた惨めな姿を、後の者によく見せておくがよろしい。しかし残念千万だ。せっかくの良い玉を砕いてしまった。惜しいこっちゃ。仏見という玉を壊してしまっては惜しいではないか。法見という玉を、そのまま置いておいたら良さそうなものじゃ。何も叩き砕くことはないではないか。それを全部壊してしまうのは、何か惜しいような氣がする」。

しかし、禅は叩き壊すことが大事なのでしょうね。「叩き壊さなければ、相変わらず仏見法見に捉われつづけるばかりだわい」。仏見法見は悪いことではないけれども、仏見法見に捉われるのが人間の業ですから、それが困るわけですね。それでかえって、人間を間違った方向に導いていかせるのですね。

無文老師は続けて、「仏見法見というようなものを担いで振り回して何になるか」。仏見法見は偽物だとおっしゃっています。「泥だんごを担いで回って、これが銀の玉などと言うて、どうするか。見られたざまではないぞ。驪珠尽く撃砕しなかったら、仏見法見を担いで回ったら、ますます罪を作ることであろうぞ。国家に法律があるように、間違ったものは悉く罰せられる。それでなければ国家は治まらん。いかに慈悲心があるといっても、間違ったものは罰していかなければならん。その罰することが、慈悲心でなければならん。法を恐れるから、罪を作ることを慎むようになるのだ。罰を恐れるから、罪を犯さぬようになるのである。言い得るも三十棒、言い得ざるも三十棒だ」。これは大龍禅師のひいおじいさんである、徳山禅師の有名な言葉ですね。「しっかり叩いてやらなければ本物は出てこん。この法律を曲げることはできん。私の人情のために法を曲げることはできん」。こういうふうに言っておられます。

最後のところは、「『如何なるか是れ堅固法身』という偽物の玉を持ち出してきたが、『山花開いて錦に似、澗水湛えて藍の如し』と、まことに綺麗な白玉の鞭で、大龍和尚は見事にその偽物の玉を壊された。さすがに大龍和尚である。こういう質問に向かって、色身とも言わず、堅固法身とも説かず、空を仰いで嘯くが如く、『山花開いて錦に似、澗水湛えて藍の如し』と答えたのは、白玉の鞭で驪珠《りしゅ》尽く撃砕されたような素晴らしい働きであると、大いに大龍を褒めて雪竇和尚が言っておられるのである」。このように言っておられますね。

堅固法身にとらわれているところを、まず撃ち砕かなくてはいけないということですね。正解があるということを、打ち砕くのです。正解があるのではなく、全てを正解にするのが大事なのです。

終わりなき修行

ある人が西田幾多郎先生に、「禅をやりたいと思います」と言いにいったら、「いいことだ」と言って、さらにもう一つ言ったというのですね。「腹に短刀を突きつけられたような氣持ちでやれ」と。これが禅です。論理の問題ではない。論理がどんなに整っていても、それには全く値打ちがない。論理は哲学や学問で追究すればいいのです。禅はわが身心を研ぎ澄ませて、行き着くところまで行きつかせなくてはいけない、ということです。それを一般在家の方にやってほしいわけです。お坊さんだけではありません。お坊さんも人間ですから、みなさんと変わりませんね。人間という立場で、それを問題にしたいのです。

在家だからこう、坊さんだからこう、ではなく、人間としてどうだ、ということです。そして、現実にどちらが大変な世界を生きているかということ。一概に言えないと思います。

本当に修行している人は、坊さんの方が大変かもしれませんが、ある意味では現実の世界の方が難しいのではありませんか。そこです。公案というのは、皆さんが経験したものを大いに磨き上げるのに、適しているのだと私は思います。

優れた祖師方が、一千年もそれだけをやってきたのですから、秘密の宝がたくさんそこには隠されていると思うのですよ。ですから、自分の体験に似た、何かを探し出していただいて、そして読み込んでいただくと、自分が体験したのはこういうことだったんだ、というかたちで深まっていくと思うのです。

やはり素晴らしいお坊さんの一人だと思いますが、亡くなった方で、盛永宗興老師という方がおられました。花園大学の学長も務められたお方です。その方の言葉で、「修行して、見性するのではない。見性してから本当の修行がはじまるんだ」という言葉があります。盛永老師は、自分が見性したと思うような体験をした時、このようにお師匠さんから言われたと、ある方から聞きました。どうでしょうか。

悟った時から、初めて修行がはじまるのだ。結局、そういえる知恵が公案には詰まっているのです。それは一人ではできません。何人もの人たちが同じことをやってきたから、そういう知恵が無数に叩き込まれているのだと思います。

見性してから、初めて修行がはじまるとなったら、その修行はどうでしょうか。終わりがありませんね。これでいいという時が来ない修行です。そういう修行を坊さんだからとか、在家だからとか、それは関係ないと思いますね。そういう修行こそ、本当の修行であるに違いない。そうすれば、もうこれでいいのだ、などという思いで足踏みするようなこともありえないと思いますね。

あくまで法においては貪欲であってほしいですね。その代わり、こと自分に関しては、さらっと無欲であってほしいですね。無であってほしいと思います。

「日日是好日」という時の秘密は何か。あえて言えば、一切空と見る、ということだと思います。天氣のいい日も空、雨の日も空、全てを空と見た時に、そこから開けてくる境涯です。「潤《かん》水《すい》湛《たた》えて藍《あい》の如し」ということも、水は流れているのだと思いますが、まるで流れていないかのように、じっとしていて動かないように見える。じっとして動かない水は腐りますね。流れていて初めて腐らないのですね。ですから、こんこんと湧き出ていて、静かに流れている。流れていないように見えるけれども、実際は流れている。「よく見れば」の大事です。

そういうところに、なんとも言えない氣持ちのよい世界を見いだせることが、その時が永遠なのではないでしょうか。ゲーテか何かにありましたね。時よ止まれ、でしたか。人間というのは同じことを考えるものですね。

絶えず問題意識を持って生きていただくことが、一番の近道だと思います。固定された答えが用意されているのではない。だけれども、自分が変われば世界が変わる、と言いますね。もし自分が変わったら、すべてのところに真なるものを見出すことも可能ですね。下世話な話で言えば、禅宗坊主だから辛抱強いだろうと、どんな大手術を受けてもビクともしないというのも素晴らしいですが、痛い時は痛いとわめいたって、いいと思いますね。私はどちらも本当だと思います。それが本当のあるがままだと思うのです。

古仏は露柱と相交る——第八三則「雲門露柱相交」

【本則】挙す。雲門、衆《しゅ》に示して云く、「古仏は露柱《ろちゅう》と相《あいまじわ》交る、是れ第幾機《だいいくき》ぞ」。自《みずか》ら代って云く、「南山に雲起こり、北山に雨下《ふ》る」。

【頌】南山の雲、北山の雨。四七と二三と面《ま》のあたりに相観《あいみ》る。新羅国裏曾て上堂するに、大唐国裏未だ鼓を打たず。苦中の楽、楽中の苦。誰か道《い》う黄金も糞土の如しと。

「言句の妙」——雲門宗

この則は垂示が欠けています。まず本則ですが、「挙す。雲門、衆《しゅ》に示して云く」。雲門禅師が人々にお示しになって言われた。「古仏は露柱《ろちゅう》と相《あい》交《まじわ》る、是れ第幾機《だいいくき》ぞ」。聞いている大衆に、雲門が一つ質問をぶつけました。どういう質問か。「古仏は露柱《ろちゅう》と相《あい》交《まじわ》る」。「古」はいい意味で使うようです。仏の中でも、とびきりの仏さんが古仏なのでしょう。古仏の最高クラスになると、「露柱《ろちゅう》と相《あい》交《まじわ》る」ことができる。「露柱」は全部が現れている柱。この部屋もそうですが、柱は壁にくっついていますね。しかし「露柱」というのは、何にも寄りかからずに立っている柱を指すようです。古仏は露柱と相交わることができるのだという。

どういうことでしょう。話し合うことができるのだ、とでもいうのでしょうか。「是れ第《だい》幾機《いくき》ぞ」は直訳すると、何番目の働きか、ということですね。

注釈を見ますと、「是れ第幾機《だいいくき》ぞ」というところは、「(その交合は) どういう次元での仏の機能か」とあります。第何番目の働きか、ということでしょうね。

そして、大衆の中から、誰も答えがなかったので、ということだと思います。「自《みず》ら代って云く」。自分で答えを出したというわけです。

どういう答え方をしたかというと、「南山に雲起こり、北山に雨下《ふ》る」。こう答えられた。第何番目です、という答えではないのですね。これではわかりませんね。ですから、雲門宗というのは難しいんですよね。難しい言葉は何も使っていないのですが。

「南山に雲起こり、北山に雨下《ふ》る」。これがどんなことなのか、ということになると、言句の妙と言いますが、難しい言葉を使わずに、肝心要のところをズバリとつくので、非常に素晴らしい宗旨なのだけれども、見当がつかない、ということにかけても、ピカイチだというのです。

言句の妙ですね。言句は非常に易しい言葉を使いますが、その言句が素晴らしい。そのように掴むところが、妙である。ところが、それを掴みにくいことにおいてもピカイチだ。なかなか、その言句の妙、その言葉を使った謂われを把握できない。そのことにかけてもピカイチだ、と言われている宗旨なのです。


「相別れて離れず、相対して対せず」

そこで今日は、一つのある問答を頭に置いていただいて、その言句の妙というところに迫ってみたいと思います。それは、時代でいうと鎌倉時代、登場人物は二人です。大燈国師と花園上皇。このお二人に登場していただき、そのやり取りを頭に置いて詰めていきたいと思います。

ある時、大燈国師が花園上皇にお尋ねします。花園上皇という方は、十二歳で日本国の天皇になられました。その頃は十年間という決まりがありましたから、二十二歳まででしょうか、天皇をつとめて、決まり通り次の天皇に位を譲るわけですが、とても優れた方だったと聞きます。十二歳ですから大変です。その苦しみも大きかっただろうと思います。この問答を交わされたのは、花園天皇が出家された後だったと思います。少なくとも、天皇引退後、二十年近く経った後ではないかと思います。非常に難しい質問をします。

「億劫《おくごう》相別れて而《しか》も須臾《しゅゆ》も離れず、尽日《じんじつ》相対して而も刹那も対せず。この理、人人《にんにん》之《こ》れあり」と、大燈国師が花園上皇に問いかけるわけです。

「劫」という字が出てきます。これは時間でしょうか、氣が遠くなるような長い時間です。それに「億」がつくのです。数字の単位です。億劫という途方もない時間を隔てて生きた人、という感じですね。同時代を生きた人では決してないわけです。それほど別れて生きている人。それでいながら、「須臾」これは一瞬の何分の一、つまりごくわずかな時間も離れず、というのです。すごい時間、空間を離れて生まれた二人が、ほんのこれっぽっちも離れていない、という意味ですね。だから、全く違う意味が一つに言われているわけです。

そして、下の句は、また違うことを言っていますが、結局同じことですね。「尽日相対して而も刹那も対せず」。一日中会っているにもかかわらず、一瞬の何十分の一の間も会っていない、というのですね。「この理」と言っています。そういう道理を、人々は誰でも生きているのだ。こういう道理の世界を皆さんは生きているのだ、ということです。

これを頭に置いていただきたいのです。そうすると、「雲門古仏露柱」はどんなことを言おうとしているのか、というのがわかっていただけるのではないかと思うのです。

それに対して、現役を退いて二十年前後たち、大燈国師の元で修行を続けられた花園上皇はお答えしているのですね。どんなお答えか。

もう一度読んでみます。大燈国師の花園上皇に出された問いかけは、「億劫相別れて而も須臾も離れず、尽日相対して而も刹那も対せず。この理、人人之れあり」。「伏して請う、一句」とあります。相手が高貴な方ですから、どうか一句お答え願います、と。

それに対して、大燈国師の元で修行を積んだ花園上皇は答えます。「昨夜、真っ暗闇の中で、露柱が、裸の柱が、和尚に答え了れり」と言っているのですね。和尚さんに、私に代わって、私が答えるまでもなく、露柱がきちんと答えております。すでにその答えは出ております、という意味のことを花園上皇が答えるのです。それを頭に入れていただきまして、読み進んでいただけたらと思います。

そして、どのようなことがこの問答に関わってくるかというところを見てほしいのですが、秋月龍珉先生の『一日一禅』の中にも出てきますが、洞山和尚が見性した時の、本当にはらりと見性した時の偈があります。それだけ頭に入れてください。そしてこれがやはり、この第八三則に関係しているのだと思ってください。

「渠《かれ》今正《まさ》に是《こ》れ我れ、我れ今是《こ》れ渠《かれ》ならず」。これが洞山和尚のお師匠さんである、雲巌和尚の真を見た、という時の感激の一句です。これが関係しているようです。

それから、『一日一禅』を繰っていきますと、さらに次の言葉が出てきます。これも本則と関係があるのだと思ってください。無門関の一則として出てくる言葉です。

「もし喚《よ》んで竹篦《しっぺい》と作《な》さば則ち触《ふ》る、喚んで竹篦と作さざれば則ち背《そむ》く」。

それからさらに、「近づきくるを待って、你《なんじ》が与《ため》に勘過せん」。碧巌録の第三三則にすでに出ているわけですが、これも関係しているというのです。

本則に戻りまして、最後のところで「南山に雲起こり、北山に雨下《ふ》る」と読みました。その読み方に氣をつけていただきたいのです。原漢文のままですと、「南山起雲、北山下雨」ですね。南山と北山は逆でもいいのですが、大事なのは「南山が雲起こす」と読んではいけない、ということ。そして「北山が雨下《ふ》らす」とも読んではいけない。こういう約束事が中国の古典の歴史、文学の歴史にあるそうです。つまり、自然現象として読んでほしい、ということなのですね。これも頭に入れておいてください。

よく皆さんがご覧になるお軸の言葉で言うと、「為君葉葉起清風」。こういうお軸をご覧になった方は多いと思います。竹の葉が揺れているということですね。虚堂智愚禅師のもとで修行をした、大燈国師の師匠・大応国師が日本に帰ってくるのですね。その時、お別れの言葉として贈られたものだそうです。「君」は、大応国師ですね。中国の宋時代の禅を広めるために日本へ帰っていく人のために、竹の一葉一葉に清らかな風が自然とおきている。現象動詞として読まなくてはだめなのですね。いま現に、その竹の一葉一葉に清風が見られる、表れているということですね。


そんなことで本則はなかなかやっかいですから、頌を先に見てみましょう。

「南山の雲、北山の雨。四七と二三と面《ま》のあたりに相観《あいみ》る」。四七とはなんですか。四×七＝二八ですから、インドの祖師方です。お釈迦様は別格で、迦葉尊者から達磨大師まで二十八祖。その次の二三はなんでしょう。二×三＝六で、これは達磨大師から六祖慧能までの唐土の六祖師です。

皆さんそれぞれ時代が違うのですね。一緒に生きていたわけではないと思います。しかし、

「四七と二三と面《ま》のあたりに相観《あいみ》る」。ここは「億劫相別れて」に近いですね。別れていながら、目の当たりに相見《あいまみ》えているということになりますね。それを次にもう少し具体的に言っています。

「新羅国裏曾て上堂するに」。新羅は朝鮮です。「大唐国裏未だ鼓を打たず」。大乗仏教は、中国、朝鮮を通って日本へ伝わっていますが、それが何が何やらわからなくなるような言葉ですね。

中国の素晴らしい禅を日本に伝える仲立ちをしてくれた新羅の国で、昔、正式の説法をする上堂が時間通りなされた。上堂は、時間を決めて行う説法です。ところが、その元になる唐の国、祖師禅が最も盛んであったと言われる唐の国では、まだ誰も太鼓を打っていないぞ、というのです。正式の説法の場合は、法鼓がつきものです。まず法鼓が鳴って、それから説法をする約束事があるのですが、それがめちゃくちゃになっているというわけです。その通りになっていない。

「苦中の楽、楽中の苦」。苦しみのうちにある楽、楽しみの中にある苦しみ。「誰か道《い》う黄金も糞土の如しと」。いったい誰が言うのでしょうか。黄金も糞土のようだと。

雪竇はどんな意味でこんな頌を作ったのでしょうか。「如し」というのは、一如、一つだ、という意味ですね。黄金と糞が一つだとは、何を言おうとしているのでしょうか。いかがですか。お答えは出ませんか。

無文老師の提唱

では、呼び水として、伝統的にどのような解釈がされているか、ひとつ読んでみましょう。これは山田無文老師が語ったことです。

「日本で初めて正当な坐禅をなさったのは檀林皇后で、天龍寺の前身の檀林寺でのことである。弘法大師が中国へ行って仏法を学んでこられ、日本へ帰って嵯峨天皇の前でご報告をした」。檀林皇后は嵯峨天皇の奥さんでしょうか。「中国へ行って仏法を学んできました。こんな結構な仏をもらってきました。こんなにたくさんのお経ももらってきました。私が勉強した仏教は、真言密教という有り難い仏教でございます、と天皇に報告したら、皇后さまから、唐には禅宗というものがあるそうだが、あなたはそれを勉強しなかったのですか、とご下問があった。すると弘法大師は、私は北のほうの長安の都で勉強しました。その禅宗というのは、揚子江の南の方で流行しております。それまでは勉強できませんでした。皇后さまがお望みならば、もう一人私の弟子を勉強にやりましょう。そんなことで、恵蕚法師をわざわざまた中国へやり、中国の高僧を一人連れてこい、と言った。そこで義空禅師という方をお連れした。

その義空禅師のために、檀林寺というお寺を建てられ、皇后自ら坐禅をなさった。その時の公案が、即心即仏という公案であった。心がそのまま仏で、仏がそのまま心だ。皇后は三年坐禅なさった。義空禅師も師匠が亡くなって中国へ帰られた。その時、檀林皇后が自分の悟りを歌で示された。それが有名な『唐土の空の彼方に立つ雲は此処に焚く火の煙なりけり』。中国の五台山にかかっている雲は、今ここで私が焚いている香の煙だ。今ここが五台山で、線香の煙が五台山にかかっている雲そのものだ。即心即仏だ。世界がそのまま我で、我がそのまま世界だ。柱がお釈迦様で、香炉が達磨大師だ。何もかも平等だ。諸法実相、何もかも仏の世界だ」。

あとはさっと聞き流してください。今日の則に関わる部分です。「そういう境地がわかるなら」、つまり、この檀林皇后の歌がわかるならば、「『新羅国裏曾て上堂するに、大唐国裏未だ鼓を打たず』だ。これは韻字の具合で逆になっておる。『大唐国裏未だ鼓を打たざるに、新羅国裏曾て上堂す』、そういう境涯を味わってこなければならん。柱がそのまま香炉で、香炉がそのまま柱だ。俺がそのまま柱で、柱がそのまま俺だ。柱が提唱したら香炉が聞きよった。香炉が酒を飲んだら、柱が酔っ払いおったわい。全て人間の常識の世界を超越した境涯が、『大唐国裏未だ鼓を打たざるに、新羅国裏曾て上堂す』という境涯であろう。

『苦中の楽、楽中の苦』。苦しみがあるからそこに楽しみがあるのだ、楽しみがあるからそこに苦しみがあるのだ。苦しみがなかったら楽しみもない。楽しいもなければ苦しいもない。楽しいもない。苦がそのまま楽であり、楽がそのまま苦しみでなければならん。苦しみを嫌う人は楽しみもない。楽しみを嫌う人は苦しみもない。苦しいことがそのまま楽しいことで、楽しいことがそのまま苦しいことでなければならん。『苦しみの中に楽しみある世とは　碁を打ちてこそ知り染めにけり』。古人がそんなことを歌っておられる。碁というものは苦しいものだ。勝つか負けるか、生きるか死ぬか、殺すか生かすか、碁に夢中になったら親の死に目にもあわんということだ。勝つか負けるかの勝負の中に、電報が来たぞ、おとっつぁんが死んだ、と言われてもわからん。死んだか。この石、死によったかと、時間を忘れて死ぬか生きるかで碁を打っておる。いかにも苦しい。死ぬか生きるかの苦しみだが、済んでみると楽しかった、ということになる。そんな苦しいものなら、もう止めればいいのに、もう一局やろうかということにもなる。苦しいことが楽しいこと、苦しければ苦しいほど楽しい。楽しければ楽しいほど後が苦しい。キャバレーだかどこかで散々遊んで、後でツケを出されたら、ヒヤッとしなくてはならん。しかし、それがやめられんというのだ。楽しいことが苦しいことで、苦しいことが楽しいことだ。

臘八摂心で一週間布団を取り上げられて、横になって寝られん。何もかも忘れてとにかく坐りっきりで公案三昧だ。三度、四度、五度の喚鐘も欠かさん、夢中になって臘八摂心を済ませた。八日の暁天の楽しいこと。お風呂のご供養で温泉に入って氣持ちのいいこと。一週間の苦しみを全部風呂に流してしまう。一週間が苦しかったから、後の楽しみが忘れられぬ。苦しいことがそのまま楽しいことで、楽しいことがそのまま苦しいことだ。対立ではない、全ては一如だ。全ては一体だ」。

その次に糞土のことが書いてあります。「『誰か道《い》う黄金も糞土の如しと』。昔の人が黄金は糞のようなものだと謳っておる。金が尊いと言っても、黄金も見方によると、糞のようなものだと。誰かが謳ったが、それは間違いだ。糞のようだ、ではない。黄金がそのまま糞だ、糞がそのまま黄金なのだ。だから雲門和尚は、いかなるかこれ仏、と尋ねられて、乾屎橛《かんしけつ》、糞かきベラと答えておる。黄金がそのまま糞で、糞がそのまま黄金だ。金持ちがそのまま貧乏人で、貧乏人がそのまま金持ちだ。総理大臣が乞食で、乞食がそのまま総理大臣だ。巡査がそのまま泥棒で、泥棒がそのまま巡査だ。借金が貸した金で、貸した金が借金だ。悪口が褒められたことで、褒められたことが悪口だ。男が女で女が男で、俺がお前でお前が俺だ。そこまで徹するならば、『南山に雲起こり、北山に雨下《ふ》る』だ。この世の中に、心に差し障るものは何もない。般若波羅蜜多に依るがゆえに、心に罣礙なし。時間と空間と全ての対立を超越してしまうならば、心に差し障りは何もない。そういう境地を、『古仏は露柱《ろちゅう》と相交《あいまじわ》る、是《こ》れ第幾機《だいいくき》ぞ』と、雲門が示しておられるのである。お釈迦様が道端の松の木とおしゃべりをしている姿はどうだ。『南山に雲起こり、北山に雨下《ふ》る』。南山が南ではない、北山が北ではない。雨が雲で、雲が雨だ。そう見ていかねばならんであろう」。こういうふうに言っておられますね。

超個と個と

それでは、「億劫相別れて而も須臾も離れず」のところを、秋月龍珉先生の『一日一禅』にそって読んでみましょう。

曹洞宗の開祖、洞山良价禅師のお師匠さんは誰でしょう。雲巌和尚ですね。雲巌和尚が茶をたてていたというわけです。「そこへ師兄《すひん》の道吾が入ってきた」。師兄というのは、兄弟子です。実の兄でもあったとも言われていますね。ともかく、世間的にも法の上にも兄である道吾禅師が入ってきた。兄が弟に聞くのですね。「そのお茶だれにやるのかい」。すると雲巌が答えます。「ひとり欲しいという者がいてな」。そのお人のために立てているのだ。すると道吾が、「その欲しいという者自身でお茶をたてるわけにはいかんのかい」。どうしておまえが代わりに立てているのか、ということでしょう。そこで雲巌が答えます。「幸いにわたしがここにおるのでな」。幸いに私がここにおりますので、と言うのですね。

「この話には実は先例がある。雲巌が若いころ、先輩の百丈和尚を訪ねた。雲巌、『老師は毎日、せっせといったい誰のために働かれるのですか』。百丈、『ひとりそれが必要な者があってな』。雲巌、『どうして彼自身にさせないのです』。百丈、『彼は自身では家活《くらし》がたてられんのだ』」。こういうことです。労働ができないのだ、というのですね。

「ここにいう『一人《ひとり》』が『超個』（真実の自己——平等）であり、『某甲《わたし》』が『個』（現実の自己——差別）である」と言っておられますね。ここが大事なところです。「超個」と「個」という現代的な言葉を使っているのです。「宗教も哲学も結局この『超個』と『個』の関係にある。大燈国師はこれを『相別れて離れず、相対して対せず』という『理』が人間ひとりひとりにあるという」。

「超個」と「個」にたとえたら、実りがあるのではないかと思うのです。「個」は私たち一人一人です。「超個」はそれを超えたものです。だから神などは「超個」でしょう。法身が「超個」で、色身が「個」でしょう。そんなふうに聞いていただきたいと思います。大事な鉱脈が現れてきました。

いまの百丈の例で言えば、「ひとりそれが必要な者があってな」というのが、「超個」ですね。これは目に見えませんね。「個」というのは、私たち一人一人ですから、色身は目に見えますね。しかし法身は形がありませんから、目に見えない。それが見えるようになって初めてわかるのです。必ずしも捕まえることはできないのです。

そして、この「超個」というのは、自分では生活ができない、と言われていますね。現代風に言えば、ここにいう「超個」が真実の自己だというのです。真実の自己ですから、これは本当の平等ということですね。自己そのものは一人一人違いますが、真実の自己となったら、みんな平等だということ。六祖慧能禅師の世界だと思います。

慧能禅師が主張する世界。これがあるから私たちは救われるのです。これがいつ、目に見えるものとなって現れてくるかわからない。その目に見えないものが、目に見えるようになることを、自覚というのです。我々にとって大事なのは、自覚なのです。これは独り占めができないのですね。私一人でなく、みんな同じなのです。本当にすごいと思います。我々はそういう身心を持って親から放り出されてきたのですね。生きてこいよと。ぜひ、一生の間にそれだけは確かめてくるんだぞと、放り出されたようなものだと思います。

「『一人《ひとり》』が『超個』であり、『某甲《わたし》』が『個』である」。平常の言葉を使いますと、「一人」というのは平等、「私」というのは差別。「宗教も哲学もこの『超個』と『個』の関係にある。大燈国師はこれを『相別れて離れず、相対して対せず』という『理』が人間ひとりひとりにあるという」というかたちで、花園上皇に質問されたのだ、ということですね。

「『超個』と『個』とは絶対に区別されながらそのままただちに一つであるという。鈴木大拙はその理を『即非の論理』といった。『即非』は一応は『別れて（非）離れず（即）、対して（即）対せず（非）』で、『即（肯定）にして非（否定）』というがごとくである。しかし、実はそうではない」。

　ここからがもう一つ、大事なところです。続けて、「大拙の真意は一息に『即非』と読むところにある」。これを覚えておいてください。即と非を切らないでほしい、一息に読んでほしいというのです。「それは『如《にょ》』（Is-ness）であり、『真人《しんにん》』である。一息に『超個の個』である。大燈の真意もまた一息に『相別而不離、相対而不対』と読むところにあるといわねばならぬ」。このように、一息に、という言い方をされています。いかがでしょうか。

「酒を飲んだら酔わねばならぬ」――「阿剌剌」

　一つ、大事な言葉を覚えて帰っていただきたいと思います。頌の最後の「誰か道《い》う黄金も糞土の如しと」のところに、「阿剌剌《あらつらつ》」と著語が付いていますね。注記を見てください。これは「感嘆や驚きを表す叫び」とありますね。これが大事なのですね。これが感じられたら、そこを一段と掘り下げていってほしいわけです。

ですから、何が大事かということなのですが。何が大事かなどと問われて、そこから答えとして持ち出せるようなことが本当に大事なことなのか、それとも禅の方では全く別のことなのか。禅の方で要求している大事なことというのは、私たちが真面目にいくら考えても思いつかないようなことを知ってほしいということで、問題を投げかけているように思えてならないのです。

例えば、一つの例を挙げますと、これはつい最近まで生きておられた方で、無文老師の先輩でもあります、大津櫪堂老師という方がおられました。この方がおっしゃっています。「酒を飲んだら酔わねばならぬ」と。居士さんの家で一杯飲んでいい氣持ちでおっしゃったのかもしれませんが。「酒を飲んだら酔わねばならぬ、酔うたら醒めねばならぬ」という言葉を残してくれています。

これはどういうことなのでしょうか。思い切って解釈すれば、「酒を飲んだら酔わねばならぬ」が大事なのですね。そうして「酔うたら醒めねばならぬ」。酔いを通して、醒めた世界へ出ていくということが、さらに一層の大事なのではないかと思うのですね。ならば、通して、一息に、ということ。酔わねばならぬという世界は何か。今回の則で言えば、「苦中の楽、楽中の苦」という世界だと思うのですよ。この世界をしっかりと味わって、そして本当に醒めた世界へ出ていく、ということになるのではないでしょうか。

では「酔わねばならぬ」というのはどういうことか。それは仏教の言葉で言えば、「如」という世界だと思います。そのままという世界です。ですから、苦中の楽と言っても、苦と楽が別々にあるのではなく、一如にしてある世界。それが「酔う」というところにつながっていくのだと思います。

それを大津櫪堂老師は、別のところで「坐禅をしたら、わけがわからなくなるまで坐らねばならん」と言っています。「わけがわからなくなるまで」というところが「酔わねばならぬ」につながっていくのだと思います。別の時の言葉ですが、同じことを言っていると思います。坐りこんだら、わけがわからなくなるまで坐らねばならん。「わけがわからなくなるまで」が大事なところだと思います。

なぜわけがわからなくなったか。一如の世界に出ようとする、近づいているということだと思います。分かれていれば判断ができるでしょうが、一つになりつつあるので、だんだんわけがわからなくなる。けれどもまず、そこまで坐らなくては。それが大事だと思うのですね。

そうして、後のことは何でもいい。ある意味無責任にも見えるのが、禅の世界です。禅問答ほどチンプンカンプンなものはないと言われますね。しかし、そこに本当に見事な世界、妙という世界が展開するのです。実によく創られているな、と驚きますね。これは公案禅第一の教科書といわれる無門関にあるのですが、「百尺竿頭進一歩」。竹竿のてっぺんに坐って一歩進んだら、落ちてしまうではないですか。でも大丈夫なのです。見事に一歩進めるのです。それも自然に進める。無理をしてやるのではない。自然に進めるという、妙としか言えない現実が生まれてくるのです。これは体験で味わっていただくしかないのですが、それが先ほどの「阿剌剌」だと思いますね。

「真人間になりしゃんせ」——母の遺言

いつかお話したかもしれませんが、鈴木大拙先生がおっしゃった、お悟りはこの方、と言われたのが朝比奈宗源老師のお師匠さんである、古川尭道という方です。この方に朝比奈老師は鍛えられたのです。秋月龍珉先生は、鍛えられたというより可愛がられたようですね。朝比奈老師は「君らは尭道老師を知らないんだ」と言うのだそうです。朝比奈老師には、「狼尭道」と言われた、すごい接し方をされたそうです。しかし、それで朝比奈老師は出来上がっているのですよ。

朝比奈老師に言わせると、「あんたらは、じゃれてるだけだ」と。そんなところに尭道老師の真面目はないと。じゃらつかせているだけだと、そう言われた秋月先生は、ご両親はすでに亡くなっていましたが、少年の時、お母さんの死に際に枕元で言われたことは、「真人間になりしゃんせ」。真人間になるのが母君への供養だとすると、単にじゃらついているだけでは済まないわけです。だから秋月先生なりに、真人間たろうとして一生を生きたにちがいありません。

尭道老師の目は狼のようにギラリとしていたと言います。それに対して、秋月先生の目は澄んでいましたね。本当に、参禅の場でお会いすると、如実に目が澄んでいました。無心の目です。尭道老師の目は殺人剣でしょう。命を取られて、大死一番、死んで生きるが禅の道。そこから蘇って初めてほんまものだ、というのが伝統的な修行の仕方だったと思います。まず殺す、何もかも奪い尽くして、そして生き返ってこられるかどうか、というところだと思います。

禅で大事なのは定力ですね。禅定力です。坐ることによって自然についてくる力が大事だと思います。自然についてくる。ですから、線香の落ちる音まで聞こえる、隣の家の足音まで聞こえるなどと、人によってさまざまです。力という字がつきますが、それは雨を降らすというようなことではなく、現象としての雨を運び出す力だと思いますね。

いろんな人が定力については言っていて、どの本にも注意書きがありますのが、魔境です。坐っているとお釈迦様が現れてくるのだそうです。お釈迦様が現れて、頑張っているな、と声をかけてくれるのだそうです。そうして、すうっと消えていく、という話を私も聞いたことがあります。

やはり、人間は褒められると弱いですね。つい、それを大事に取っておく。だから魔境が現れたら、褒められたからといっていい氣にならない心。しっかりした菩提心を持《たも》つことが大事です。だから発心でもありますね。「初発心時、便成正覚」。初めの心がしっかりしていれば、もう修行の成就は間違いない、と昔の人は言い切ってくれています。そういうところもあると思います。魔境に足を取られることなく、――魔境は泥沼です。その魔境を超えて、前へ前へと進んでいくということだと思います。東洋的な考えは一円相で表しますね。

そうしますと、みんな同じところに出ると思うのです。ですから、ただただ、禅だけがいいという世界ではないですね。道と名のつくかぎり何でもいいのだと思います。それを通じて共通の世界へ出られたらな、と思っております。人類は一つです。一如でありたいものです。

あとがき

憶えば、春秋社の創業百周年記念事業の一つとして企画された、「碧巌録全提唱」のあとがきを初めて書いてから、五年四ヶ月の月日が流れました。

長いという分には長くもあり、短いといえばあっという間でもあり、この『碧巌の雲』が上梓されて、残り一冊となる今・此処で思いますことは、すがた・かたちのあるものに即して、すがた・かたちのないものを見取ることの大事であります。

この一事の自覚を通して、仏祖方は蓋天蓋地の広やかな場にお出になられ、同時にここで、お互いに出会われる。個のまんまで同時に超個（全）にもなられる。これはいったいどういう事態なのか。

この一事を皆さんに夢中になって語りかけて来たのだと思い知らされたのです。ある時は我を忘れて、まだ足りぬまだ足りぬとばかりに熱中し、またある時は、夢幻泡影のごとくにとりとめもなく。このつたない語りかけを促して息まないものは、一人でも多くの人に禅仏教の良さを知ってもらいたいとの一念でありました。

釈尊が花を拈じて、微笑みましたのは迦葉尊者お一人でした。残された八万四千の大衆をどうするのか。これが大乗仏教の時代を迎えた現代の、時機相応の課題と思います。この課題にたくさんの紙数を用意していただいて、果たして応えられたのかどうか。読者の皆さまのご批判に託すほかありません。

願わくは、雪竇禅師が客席からの野次に収まらず、舞台に駆け上がったがごとくに、読者の方々が碧巌百則の主人公となって、身読してくださることを心より望みます。そこから何が産まれるか。楽しみにお待ちいたします。

最後になりましたが、いつものように難渋なテープを整理してくださった編集部の方々はじめ、このような越格の場を提供してくださった春秋社の神田明社長、終始励ましてくださった佐藤清靖氏ほかの皆さまに、そして聴いていただいた方、この本を手にとっていただいた方々にたいし、心からの感謝を捧げます。ありがとうございました。

令和三年二月二十四日

天徳山裡にて

木村太邦

木村太邦（きむら　たいほう）
昭和15年、東京生まれ。昭和38年、早稲田大学法学部卒。同年、商社に入社、10年間の営業生活を送る。昭和44年、真人会（秋月龍珉先生主宰）入会。昭和48年、山田無文老師について得度。同年、祥福僧堂に掛搭。無文老師、河野太通老師に参じる。平成7年、祥龍寺入山。平成16年、祥福寺入山。祥福僧堂師家、祥福寺住職を経て、令和元年、龍門寺入山。現在、龍門寺住職。

碧巌の雲
二〇二一年四月二〇日　第一刷発行

著　者　木村太邦
発行者　神田　明
発行所　株式会社　春秋社
東京都千代田区外神田二—一八—六（〒一〇一—〇〇二一）
電話（〇三）三二五五—九六一一　振替〇〇一八〇—六—二四八六一
https://www.shunjusha.co.jp/
印刷所　萩原印刷株式会社
装　丁　本田　進
定価はカバー等に表示してあります。
 ISBN978-4-393-14438-1